Texte . **Medien**

CHRISTOPH WORTBERG

Die Farbe
der Angst

Texte • Medien

»Die Farbe der Angst« von Christoph Wortberg

Die Originalausgabe ist im Thienemann Verlag erschienen und im
Buchhandel erhältlich: Christoph Wortberg „Die Farbe der Angst"
© 2008 by Thienemann Verlag (Thienemann Verlag GmbH),
Stuttgart/Wien. www.thienemann.de

Herausgegeben von Ingrid Hintz

Materialteil erarbeitet von Birthe Lagemann

Das ⌈Texte • Medien⌉ –Programm zu »Die Farbe der Angst«:
978-3-507-47086-6   Textausgabe mit Materialien
978-3-507-47386-7   Lesetagebuch
978-3-507-47286-0   Informationen für Lehrerinnen und Lehrer
Informationen und Materialien im Internet: **www.schroedel.de/textemedien**

westermann GRUPPE

© 2010 Bildungshaus Schulbuchverlage
Westermann Schroedel Diesterweg Schöningh Winklers GmbH, Braunschweig
www.schroedel.de

Druck A 7 / Jahr 2017
Alle Drucke der Serie A sind im Unterricht parallel verwendbar.

Redaktion: Barbara Holzwarth, München
Herstellung: Andreas Losse
Umschlaggestaltung und Layout: Janssen Kahlert Design, Hannover
Umschlagfoto: Dominik Gierke, München
Satz: Bock Mediengestaltung, Hannover
Druck und Bindung: Westermann Druck Zwickau GmbH

ISBN 978-3-507-**47086** 6

INHALT

CHRISTOPH WORTBERG
Die Farbe der Angst

Materialien

Zu diesem Buch

Dieses Buch ist ein Krimi, der von einem mysteriösen Fall handelt: Felix wird tot in einer Bauruine gefunden. Eine junge Kommissarin ermittelt und lässt nicht locker, um endlich Licht in das Dunkel um Felix' Tod zu bringen. Immer wieder verhört sie seine Freunde: Tobias, Heiko und Marc. Aber die Jungen schweigen. Was wissen sie und warum rückt keiner mit der Wahrheit heraus?

Es gibt viele Jugendliche, die gern Bücher lesen. Das ist erfreulich, denn wer liest, nimmt teil an den Lebensgeschichten, Erlebnissen, Problemen, Gedanken und Gefühlen der Buchfiguren. Deshalb sagt man: Wer liest, lebt doppelt.

Die Bücher der Reihe **Texte.Medien** wollen zum Lesen motivieren – im Unterricht in der Schule, aber auch zu Hause in der Freizeit. Sie wollen die Freude am Lesen steigern und „Lust auf mehr Bücher" machen.

Zu diesem Buch gibt es ein **Lesetagebuch**, das dabei helfen soll, sich selbstständig – individuell und gemeinsam mit anderen, die ebenfalls dieses Buch lesen – mit dem Inhalt und den Personen auseinanderzusetzen.

Viel Freude beim Lesen des Buches!

Für meinen Bruder

CHRISTOPH WORTBERG
Die Farbe der Angst

1

„Setz dich."

Sie schiebt ihm einen Stuhl hin. Der Schreibtisch liegt voller Akten. Blassfarbige Pappdeckel. Eine fleckige Schreibtischunterlage. Darauf Abdrücke vom Bodenrand einer Kaffeetasse. Zigarettenasche aus einem überquellenden Aschenbecher. Kalter Rauch, der ihm in die Nase steigt. Er will sich nicht setzen. Wenn er sich setzt, dann sitzt er in der Falle.

„Komm schon", sagt sie. Sie redet nicht laut. Das macht es so schwer, ihr zu widerstehen. Also setzt er sich doch. Sie zieht ihren eigenen Stuhl heran, nimmt verkehrt herum darauf Platz, stützt sich mit den Armen auf die Lehne. Sie wartet.

Er schaut sich um. Ihm gegenüber an der Wand hängt ein Poster. Blaues Meer, ein Stück Küste, die weiße Kuppel einer Kirche.

„Warst du schon mal in Griechenland?", fragt sie.

Er schüttelt den Kopf.

„Schön da", sagt sie, „wunderschön." Und nach einer Pause: „Du weißt, warum du hier bist?"

Er will sie nicht reizen, aber reden will er auch nicht. Also zuckt er mit den Schultern, einmal, zweimal. Ihre blonden Haare sind schulterlang und gelockt. Sie lächelt. Er fühlt sich klein.

Auf der Tür klebt ein Plakat der Polizeigewerkschaft. Auf den Fensterscheiben liegt Staub. Darin die Spuren getrockneter Regentropfen.

„Bist du noch da?"

Er dreht sich zu ihr um. Der Ausdruck ihrer Augen hat seine Beiläufigkeit verloren. Sie hält ein Buch in der Hand, blau, mit Stoff bezogen. Sie legt es vor ihn auf den Schreibtisch.

„Weißt du, was das ist?"

Er will wegschauen, aber er kann nicht. Er hat das Bedürfnis zu schreien.

Sie schlägt das Buch auf, beginnt vorzulesen. Mit monotoner Stimme, unaufgeregt.

... Niemand hat mich gezwungen. Wenn es das erste Mal nicht gegeben hätte, wäre nichts weiter geschehen. Alles hat sich in einer einzigen Sekunde entschieden. Weil ich mich drauf eingelassen habe. Weil ich mich nicht gewehrt habe.

Die anderen tun mir leid. Weil sie nicht anders konnten. Keine Wahl. Nicht für sie und nicht für mich. Ich stand auf der einen Seite, sie auf der anderen. Sie waren genauso gefangen wie ich. Es gibt Regeln. Du denkst, du machst sie. In Wahrheit machen sie dich. Sie fressen dich auf. Ich war nur der Anstoß. Die Notwendigkeit weiterzumachen ergab sich von selbst. Ich glaube nicht an Zufälle. Wir alle waren nichts weiter als Teile einer Maschine ...

Sie klappt das Buch zu. Ihre blauen Augen saugen sich an ihm fest. „Was bedeutet das: Teile einer Maschine?"

Er antwortet nicht. In seinem Kopf brüllt es. Er kann das Innere seiner Schädeldecke fühlen. Millionen Nadeln, die am Knochen kratzen. Kein Schutz mehr.

„Ich würde jetzt gerne gehen", presst er hervor.

„Wir haben uns nicht zum letzten Mal gesehen", sagt sie. „Ich hoffe, das ist dir klar."

2

Er drückt die Klinke herunter. Nicht abgeschlossen. Seine Hand schwitzt. Er wirft einen Blick in den Flur. Niemand, der ihn sehen könnte. Er schlüpft durch die Tür. Die Aula liegt im Halbdämmer vor ihm. Zwanzig ansteigende Reihen, mit Klappsitzen aus Holz. In jeder Reihe dreißig Plätze. Zusammen sechshundert. Weniger als das Gymnasium Schüler hat.

Die Stille nimmt ihm den Atem. Der Vorhang aus mittelblauem Samt ist zugezogen. Er setzt sich auf den Bühnenrand, schließt die Augen.

„Ich liebe dich", flüstert er in Richtung der leeren Stuhlreihen. Die drei Worte schweben durch den riesigen Raum wie Staubkörner. Verloren.

Vor zwei Wochen hat der Direktor sie hier antreten lassen. Fast achthundert Schüler. Die letzten mussten auf den Stufen Platz nehmen oder auf der Bühne. Alle ahnten, dass etwas Ungewöhnliches passiert sein musste. Ihr aufgeregtes Gemurmel erstarb schlagartig, als der Direktor hereinkam. Zwei Frauen waren bei ihm. Und ein Mann ...

Der Direktor tritt an das Pult, das auf der linken Bühnenseite aufgebaut ist. Er klopft gegen das Mikrofon. Die Rückkopplung hört sich an wie ein schriller Schrei. Der Direktor blickt hoch in die Technik. Hinter der Scheibe sitzt der Hausmeister. Der hebt entschuldigend die Hand.

„Es geht um einen Mitschüler von euch", sagt der Direktor ins Mikrofon, „Felix Gerber." Er macht eine Pause, lässt seinen Blick über die Sitzreihen wandern. „Einigen von euch wird aufgefallen sein, dass er schon seit Tagen nicht zum Unterricht erschienen ist." Wieder ein Blick in die Runde. Ein kurzes, forschendes Verweilen bei denen, die so alt sind wie Felix. Marc gehört dazu. Er fühlt sich unbehaglich, schaut verstohlen rüber zu Heiko und Tobias. Die tun gleichgültig. Er sieht ihnen trotzdem an, wie nervös sie sind.

„Felix ist verschwunden", sagt der Direktor.

Ein Raunen geht durch die Reihen. Einige der Schüler fangen an zu tuscheln.

„Deshalb sind seine Eltern heute hier", fährt der Direktor fort. „Und eine Vertreterin der Kriminalpolizei." Er nickt der größeren der beiden Frauen zu, die ans Pult tritt.

„Für uns ist wichtig zu erfahren, wer von euch den Vermissten als Letzter gesehen hat", sagt sie. „Was ist der Grund für sein Verschwinden? Ist er von zu Hause abgehauen? Ist er entführt worden? Wir wissen nicht, was geschehen ist. Deshalb ist jeder Hinweis für uns wichtig ..."

Schon damals ist ihm die Unaufgeregtheit der Kommissarin aufgefallen. Die ruhige Kraft, die von ihr ausging. Aber er wusste nicht, wie es sein würde, ihr gegenüberzusitzen und von ihr verhört zu werden ...

„Was machst du denn hier, so ganz allein? Beten?"

Marc zuckt zusammen. In der Tür stehen Heiko und Tobias.

„Und ihr?", blafft er zurück. „Was macht ihr hier?"

„Sie haben Felix gefunden", sagt Heiko und schließt die Tür.

Marc starrt die beiden an, unfähig sich zu rühren.

„Wer?", fragt er heiser.

„Ein Hundebesitzer", sagt Tobias. „Sein Köter hat den Gestank gerochen."

„Woher wisst ihr das?"

„Die Alte von der Kripo war gerade beim Direktor."

„Na und?"

„Du bist gut", sagt Tobias. „Sie wird Fragen stellen."

Mit einem Schlag kommt alles hoch. Die ganze Geschichte.

Wie er die beiden hasst. So sehr, dass es weh tut.

„Und jetzt?", fragt er.

Sie schauen ihn an. Ihre Blicke sind eine Drohung.

„Wir kommen da gemeinsam raus, oder wir gehen gemeinsam unter", sagt Heiko.

3

„Reden macht ihn auch nicht wieder lebendig", sagt Marc.

„Aber es würde vielleicht einiges erklären", sagt die Kommissarin.

„Ach ja?" Wut steigt in ihm auf. Er muss aufpassen.

„Warum bist du so misstrauisch?", fragt sie. Sie trägt eine helle Bluse. Darunter zeichnet sich ihr BH ab. Weiße Spitze.

„Sie wollen mich doch nur in die Ecke drängen", sagt er.

„Wieso sollte ich?"

„Ich hab Ihnen schon mal gesagt: Ich hab mit all dem nichts zu tun!"

„Hat doch niemand behauptet", sagt sie ruhig.

Er bereut, dass er so heftig reagiert hat. Jetzt muss sie glauben, dass er in die Sache verwickelt ist. Tatsächlich beginnt sie, sich Notizen zu machen.

Er versucht, sich wegzudenken. Als Kind ist er mit seinen Eltern immer an die See gefahren. Sommerferien auf Baltrum. Das Warten auf die Fähre. Kreischende Möwen. Zeit, die verflog, obwohl nichts passierte.

„Ich brauche deine Hilfe", sagt die Kommissarin.

Er schaut zwischen seinen geöffneten Knien hindurch auf seine Turnschuhe. Er wippt mit den Fersen, fühlt, wie der Rest seines Körpers mitschwingt.

Die lackweißen Türen und Fenster der Pension Anita. Eine Bank vor dem Haus. Heckenrosen. Und immer dieser Wind.

„Kannst du dir vorstellen, wie seine Eltern sich fühlen?", fragt die Kommissarin. „Sie haben ihn sehr geliebt. Sie wollen verstehen, was passiert ist." Und dann, nach einer Pause: „Meinst du nicht, sie haben ein Recht darauf?"

Er presst seine Fersen auf den Boden, richtet seinen Oberkörper auf.

„Wieso ausgerechnet ich?"

„Du warst sein Freund, oder nicht? Du hast ihn gekannt."

„Die anderen haben ihn auch gekannt."

Nicht nur die anderen. Auch die Eine.

„Hast du gedacht, du bist der Einzige, den ich frage?"

Die anderen werden also auch hier sitzen, mit schwitzenden Fingern und zitternden Knien.

„Wovor hast du Angst?"

„Ich hab keine Angst."

Es ist eine Lüge.

Die Fähre legt in dem kleinen Hafen an. Gleich wird die Sonne untergehen.

„Marc", ruft seine Mutter. Er läuft rüber zu ihr. Sie nimmt ihn in den Arm. „Was meinst du", sagt sie, „werden wir einen schönen Urlaub haben?"

„Bestimmt", sagt er. Für einen kurzen Moment ist alles gut.

Seine Eltern sitzen beim Abendessen. Die Energiesparbirne über dem Tisch liefert mehr Licht als nötig. Das Brot ist so dünn geschnitten wie immer. Dazu gibt es Wurst und Käse aus dem Angebot.

„Wo bist du gewesen?", fragt sein Vater und schraubt den Verschluss einer Senftube auf.

„Polizei", sagt Marc leise.

„Wie bitte?"

„Polizei", wiederholt er.

„Mein Gott", sagt seine Mutter.

„Was wollten die von dir?", fragt sein Vater und merkt nicht, wie er den Senf aus der Tube drückt.

„Pass auf", sagt Marc und deutet auf die gelbe Schlange, die sich auf der Tischplatte zu einem Kringel windet.

„Na toll", sagt sein Vater, „herzlichen Glückwunsch!"

„Es ging um Felix", sagt Marc.

„Felix?", fragt sein Vater und wischt sich die senfbe- ₅
schmierten Finger an seiner Serviette ab.

„Einer aus der Schule", sagt Marc.

„Der, über den was in der Zeitung stand?", fragt seine Mutter. „Der verschwunden ist?"

„Ja." ₁₀

„Was ist denn mit dem?"

„Er ist tot", sagt Marc.

„Um Himmels willen", sagt seine Mutter.

„Woher weißt du das?", fragt sein Vater.

„Sie haben ihn heute gefunden. Drüben im Rohbau. Ir- ₁₅
gendwo im Keller."

„Und was hast du damit zu tun?"

„Nichts. Hab ihn halt gekannt."

„Und wie ist er – ich meine, man stirbt doch nicht einfach so." ₂₀

„Keine Ahnung", sagt Marc. „Woher soll ich das wissen?"

Er liegt in seinem Bett und wartet. So wie jede Nacht. Darauf, dass irgendetwas passiert. Dass sich sein Leben ändert – egal wie. ₂₅

Seit einem halben Jahr leben sie hier. Sein Zimmer ist vierzehn Quadratmeter groß. Nebenan schlafen seine Eltern. Das Haus hat vier Zimmer. Und ein Bad ohne Fenster. Wenn man das Licht einschaltet, springt ein Ventilator an. Irgendwann wollen seine Eltern das Dach ausbauen. Aber ₃₀
das muss warten, bis sie finanziell aus dem Gröbsten raus sind.

Wenn er wenigstens einen Bruder hätte.

Er steht auf, tritt ans Fenster. Es geht in den Garten. Der Rasen ist frisch eingesät. In zwei, drei Wochen wird alles grün sein, sagt seine Mutter. Hinter dem Garten steht eine weitere Reihe Neubauhäuser. Vom gleichen Typ wie das seiner Eltern. Alles kleine Gefängnisse. Dahinter liegen Felder. Und der aufgelassene Rohbau, in dem sie Felix gefunden haben. Der sollte mal ein Schulungszentrum werden. Von einem großen Konzern. Der Bauunternehmer ist Pleite gegangen. Es war wohl billiger, die Ruine stehen zu lassen, als sie abzureißen.

Die weiß gestrichene Raufasertapete löst sich in langen Bahnen von der Wand, legt sich über ihn, schnürt ihn ein. Sie schwitzt Kleister aus und den Dunst von Dispersionsfarbe. Bahn auf Bahn wickelt sich um ihn. Er kann spüren, wie sein Körper immer mehr zusammengepresst wird, fühlt, wie die ersten Blutgefäße platzen und die Knochen splittern.

Vielleicht besser so, denkt er.

Keine Gefühle mehr.

4

... Ich wollte nur dazugehören, irgendwie. Ich wusste ja nicht, wie weit sie gehen würden. Wahrscheinlich wussten sie das selbst nicht. Wenn er kommt, ist er selber schuld, haben sie wohl gedacht. Jedenfalls am Anfang. Später mussten sie nicht mehr denken. Da lief es von selbst.

Ich habe es ihnen zu leicht gemacht.

Die Einsamkeit lässt dich verdursten. Du trocknest langsam aus. Du stehst neben dir und siehst dir beim Verschwinden zu. Bis du kaum mehr als ein Schatten bist. Bis du ganz aufhörst zu existieren.

Ich hatte sie beobachtet. Ratte, Hamster und Meerschweinchen. Ich wusste, wo sie sich trafen. Der aufgelassene Rohbau. Keine Gebäude in der Nähe, nur Felder. Ab und zu ein paar Spaziergänger, aber die stellten keine Gefahr dar. Überall waren Schilder angebracht: Lebensgefahr – Betreten der Baustelle verboten! Es war perfekt. Ein eigener Platz. Ein vergessener Ort. Nur für sie.

Sie trafen sich regelmäßig dort. Nachmittags, nach der Schule. Sie kamen niemals gleichzeitig. Niemand sollte Verdacht schöpfen.

Ich wusste, sie konnten mich nicht leiden. Ich wusste, ich musste sie beeindrucken, um sie für mich zu gewinnen. Nur: Was hatte ich ihnen schon zu bieten?

Ich war ihnen nachgeschlichen, hatte sie im Rohbau verschwinden und irgendwann wieder rauskommen sehen. Es war kalt. Mitte November. Auf den brachliegenden Feldern stritten sich die Krähen. Die Lichter der Reihenhaussiedlung schimmerten in der einsetzenden Dämmerung zu mir herüber.

Was sollte ich tun? Nach Hause gehen oder bleiben? Die Rohbauruine lag vor mir wie ein gesunkenes Schiff auf dem

Meeresgrund. Ich hatte keine Taschenlampe dabei. Ich würde mich beeilen müssen, wenn ich zwischen den Betonsäulen noch irgendwas erkennen wollte.

Sie hatten den Baustellenzaun an einer Stelle aufge-schnitten. Man konnte das Gitter beiseiteschieben und sich hindurchquetschen. Bauschutt, Verschalungsbretter, Armierungseisen. Ich musste aufpassen, um nicht zu stolpern. Am Eingang der Ruine hielt ich inne. Wenn ich jetzt weiterging, würde ich eine unsichtbare Grenze überschreiten, hinter die es kein Zurück gab.

Der Schatten meines Körpers auf dem Boden, der Blick zwischen den Betonsäulen hindurch. Leere, die traurig machte. Da war eine Treppe. Aus Beton gegossene Stufen, die ins Kellergeschoss führten. Eine Stimme in mir warnte mich. Trotzdem tastete ich mich vorsichtig hinab, Stufe für Stufe, runter in die Dunkelheit.

Ich stieß auf einen Gang, von dem aus verschiedene Räume abgingen. Es war fast vollständig dunkel. Nur von der Treppe her tropfte blaugraues Restlicht herunter. Es roch nach Feuchtigkeit und Urin. Die nackten Betonwände warfen das Echo meiner Schritte zurück. Die Räume waren leer. Keine sichtbaren Spuren, dass sich hier jemand aufgehalten hätte. Am Ende des Ganges war eine Tür. Ich schob mich an der Wand entlang darauf zu. Die Tür war aus Metall, kühl und unnahbar. Abgeschlossen. Ich war mir sicher, sie hatten einen Schlüssel. Ich wusste, ich hatte ihr Versteck gefunden ...

Die Kommissarin legt das blaue Buch vor sich auf den Schreibtisch.

„Also?", fragt sie.

„Also was?", fragt Marc zurück.

Sie antwortet nicht, schaut ihn einfach nur schweigend an. Panik macht sich in ihm breit. Der verzweifelte Wunsch, das Schweigen zu brechen.

„Warum lesen Sie mir diesen Mist vor?"

„So begann alles. Die ersten Seiten. Ich dachte, du kannst was damit anfangen."

„Einen Scheiß kann ich."

„Warum bist du denn so wütend?"

„Ich bin nicht wütend!"

„Warum reagierst du dann so?"

„Weil Sie mir diesen Mist vorlesen!"

Er fühlt sich besser. Wenigstens hat er Dampf abgelassen. Es ist ihm egal, ob er sich damit reinreitet.

„Also gut", sagt sie, „dann eben anders." Sie streicht über den Einband des Buches. „Du weißt, wo wir das herhaben?"

„Woher sollte ich?"

„Es lag auf seinem Bauch. Unter seinen gefalteten Händen."

Sie schaut ihn an, als erwarte sie eine Reaktion von ihm.

Er tut ihr den Gefallen nicht.

„Vorne steht sein Name drin", sagt sie. „Felix Gerber."

Er zuckt mit den Schultern. Als sei ihm das alles egal.

„Eine Art Tagebuch", sagt sie. „Allerdings ohne Datumsangaben."

Er bemerkt ein Insekt am Rand des Schreibtischs. Eine kleine Spinne, die sich an ihrem Faden herablässt. Als sie den Boden fast erreicht hat, greift er den Faden und zieht sie daran empor. Die Spinne seilt sich weiter ab, aber mit zwei Fingern kürzt er den Faden, immer wieder, bis sie erschöpft innehält.

„Was machst du da?", fragt die Kommissarin.

„Eine Spinne", sagt er und lässt sie über seinen Handteller krabbeln. „Sie haben Spinnen hier."

Es dauert einen Moment, bis sie sich gefasst hat. Das mit der Spinne hat sie überrascht.

„Du weißt, wo Felix gefunden wurde?"

„Nein", lügt er.

„Eine Bauruine. Dieselbe Bauruine, von der in seinem Tagebuch die Rede ist."

„Ach ja?"

„Kennst du sie?"

Die Frage ist albern. Natürlich weiß sie, dass er die Ruine kennt. Es zu leugnen, wäre sinnlos. Er pustet die Spinne von seiner Handfläche.

„Ich weiß nur, wo sie liegt", sagt er. Das lässt ihm alle Möglichkeiten offen.

„Aber du warst noch nie dort."

„Nein."

„Dabei liegt sie ganz in der Nähe", sagt sie.

„In der Nähe von was?", fragt er zurück.

„Von dem Haus, in dem du wohnst."

„Na und?"

„Ist es nicht normal, dass man sich umschaut in der Gegend, wo man wohnt?"

„Was soll ich denn da? Da ist doch ein Zaun drum. Betreten verboten!"

„Du warst also doch da."

„Nein!"

„Woher weißt du dann, dass sie eingezäunt und das Betreten verboten ist?"

„Das kann man von Weitem sehen."

„Wenn man gute Augen hat", sagt sie. „Hast du gute Augen?"

„Sehr gute", sagt er trotzig. „Die besten!"

Das Haus ist eine staubfreie Zone. Das Haus schluckt alles – den Schall, die Freude, das Leben. Nur die Angst, die schluckt es nicht.

Er sitzt im Wohnzimmer. Von draußen schwappt die Nacht herein. Das Licht hat er nicht eingeschaltet. Seine Eltern sind nicht da. Irgendeine Einladung. Seine Hand streicht über den Telefonhörer. Er schließt die Augen, lässt seine Finger über die Tasten gleiten. Dann wählt er. ₅ Blind.

„Hallo?"

Die Stimme eines Mädchens. Ihre Stimme. Er antwortet nicht. Sein Herz schlägt ihm bis zum Hals. Er muss schlucken, so sehr schlägt es. ₁₀

„Wer ist denn da? Hallo!"

Er stellt sich vor, das alles wäre nicht passiert. Der Gedanke erscheint ihm lächerlich. Man kann die Zeit nicht zurückdrehen.

„Wichser", sagt das Mädchen und legt auf. Aus dem ₁₅ Hörer dringt das Besetztzeichen. Dieselbe Frequenz wie sein Herzschlag. Er streckt sich auf dem Sofa aus, schaut hinaus in die Nacht. Den Hörer legt er sich aufs Ohr.

„Was machst du denn da im Dunkeln?", fragt seine Mutter. Er hat nicht gehört, wie sie hereingekommen ₂₀ ist.

„Wo ist Papa?", fragt er und setzt sich auf.

„Bringt den Wagen in die Garage", sagt sie und schaltet das Licht ein. Er kneift die Augen zusammen.

Sie schaut sich suchend um. „Wo ist denn die Fernbe- ₂₅ dienung für den Fernseher?"

„Keine Ahnung", sagt er und erhebt sich.

„Alles in Ordnung mit dir?", fragt sie.

„Ja", lügt er. „Alles in Ordnung."

Als er die Treppe hinaufgeht, hört er, wie sein Vater ₃₀ schimpfend hereinkommt.

„Ist doch wirklich unglaublich!"

„Was denn, Schatz?", fragt seine Frau.

„Das Garagentor. Riesenkratzer drin. Also wirklich – ich begreife diese Welt nicht."

Ich auch nicht, denkt Marc.

5

Sein Vater ist Entwicklungsingenieur in der Autoindustrie. Konstruiert Achsschenkel. Wenn er Auto fährt, hat er immer ein Ohr in den Radkästen. Er kann hören, was die Achsen machen, behauptet er. Er ist stolz auf seinen Job, er ist ein Spezialist. Als das Angebot aus Wolfsburg kam, hat er keine Sekunde gezögert. Die Hinterachse für das neue Mittelklasse-Topmodell. Eine solche Chance bekommt man nur einmal im Leben, hat er gesagt. Und was ist mit mir?, hat Marc sich gefragt.

Er hat das Haus gehasst. Vom ersten Augenblick an. Schon als sie zur Besichtigung gekommen sind ...

„Ihr werdet begeistert sein", sagt sein Vater, als sie aus dem Auto steigen.

„Iris Schneider", begrüßt sie die Maklerin und schließt die Haustür auf. „Ich freue mich."

„Sollen wir nicht lieber erst mal zur Miete ...?", fragt seine Mutter, als sie zwanzig Minuten später aus der oberen Etage wieder herunterkommen. Sein Vater wischt den Einwand mit einer Handbewegung beiseite.

„Eigentum", sagt er. „Sein eigener Herr sein."

Ein Schuhkarton, denkt Marc, und ein Garten so klein, dass man sich kaum umdrehen kann darin.

„Na, was sagen Sie?", fragt die Maklerin.

„Da brauchen wir gar nicht lange nachzudenken", sagt sein Vater und legt den Arm um seine Frau. Er ist der Ernährer der Familie.

„Dann darf ich Sie beglückwünschen", sagt die Maklerin. „Und Sie willkommen heißen in Ihrem neuen Heim."

Von der Bushaltestelle sind es zehn Minuten zu Fuß bis nach Hause. Er steigt aus dem Bus, klappt den Kragen seiner Regenjacke hoch.

Das Ende der Welt. Mehrgeschossige Mietshäuser mit Flachdächern. Balkone mit Geländern aus Waschbeton. Eine kleine Passage mit Geschäften. Eine Bäckerei, ein Edeka-Markt, ein Zeitschriftenladen mit Lotto-Annahmestelle. Ein Gemüsegeschäft. Der Inhaber heißt Sahic, stammt aus Bosnien.

Der Tag, an dem er sie zum ersten Mal gesehen hat. Zwei Monate nach dem Einzug. Er kam von der Schule, genau wie heute. Es nieselte. Ein paar Tage zuvor waren die ersten Blätter gefallen ...

Sie sortiert Tomaten. In der Auslage vor dem Schaufenster. Sie nimmt ihn nicht wahr, weil sie sich auf ihre Arbeit konzentriert. Ihr Anblick brennt sich ihm sofort ein. Die kräftige Nase, die ausgeprägten Wangenknochen, die schulterlangen schwarzen Haare.

Er bleibt an der gegenüberliegenden Hauswand stehen, neben einem Stromkasten, auf den er seine Schultasche stellt. Er schaut auf ihre Arme, ihren Rücken. Ihre Schulterblätter, die sich unter dem hellen Arbeitskittel spannen.

Irgendwann bemerkt sie, dass sie beobachtet wird. Sie hält inne, dreht sich zu ihm um. Sie hält eine Tomate in der Hand.

„Ist was?", fragt sie.

„Melina!", ruft eine Männerstimme aus dem Laden.

„Ich komme, Papa", ruft sie zurück und wirft ihm im Weggehen ein spöttisches Lächeln zu.

„Melina", flüstert er leise vor sich hin. „Melina Sahic ...“

So hat alles angefangen. Mit ihrem Namen, den er leise vor sich hin flüsterte auf dem Weg nach Hause.

„Wie war's in der Schule?", fragt seine Mutter, als er die Haustür aufschließt. Sie fragt das jeden Tag.

„Gut", antwortet er wie jeden Tag.

Sie hält ihm ihre Wange zum Kuss hin. „Ich hab eine Überraschung für dich", sagt sie. „Dein Lieblingsessen: Rinderleber mit Apfelringen und Püree."

„Lieb von dir", sagt er und fragt sich, wann er endlich den Mut aufbringen wird, ihr zu sagen, dass er sich nicht das Geringste macht aus Rinderleber mit Apfelringen und Püree.

6

„Ist Ihr Sohn da?"

Marc steht oben an der Treppe und beobachtet, wie Tobias' Finger auf die Leibung der Haustür klopfen.

„Bist du ein Freund von ihm?", fragt Marcs Mutter. Sie trägt ihre Putzschürze. Die mit dem Glücksschwein drauf, die sein Vater ihr geschenkt hat.

„Wir kennen uns aus der Schule", sagt Tobias.

Sie lächelt. „Eigentlich müsste ich ja schon Sie zu dir sagen."

„Nicht nötig", sagt Tobias.

„Er ist oben", sagt sie und tritt zurück.

Bitte nicht, denkt Marc.

Tobias kommt die Treppe herauf.

„Was willst du?", fragt Marc und schließt die Tür hinter ihm.

Tobias schaut sich um. „Fette Hütte", sagt er.

„Verarschen kann ich mich allein", sagt Marc.

„Alles so sauber hier", sagt Tobias und fährt mit dem Zeigefinger über den Schrank. „Kein bisschen Dreck. Unten auch nicht."

„Komm zur Sache."

„Warum bist du denn so empfindlich?"

„Was willst du?", wiederholt Marc seine Frage.

Tobias lässt sich aufs Bett fallen, verschränkt die Arme hinter dem Kopf, wartet.

„Wir machen uns Sorgen", sagt er schließlich.

„Ach ja?"

„Ja", sagt Tobias und schließt die Augen. „Was hast du der Kripotante erzählt?"

„Was hast *du* ihr erzählt?"

„Gar nichts."

„Und Heiko?"

„Dasselbe."

Tobias schnellt mit einem Ruck hoch. Er dreht sich zum Schreibtisch um, greift nach einem Bleistift. „Wenn du einknickst", flüstert er und zerbricht den Stift in der Mitte, „dann hast du's hinter dir."

Marc fröstelt. „Die Alte von der Kripo hat doch nichts in der Hand", sagt er.

„Sie hat das Buch."

„Na und?"

„Das ist genau das Problem", sagt Tobias. „Da stehen Sachen drin, die da besser nicht drinständen." Und nach einer Pause: „Sie hat mich gefragt, wer ‚Ratte' ist und ‚Hamster'. Und wer hinter ‚Meerschweinchen' steckt."

„Und was hast du ihr gesagt?"

„Dass ich nicht in die kranken Köpfe von anderen Leuten reingucken kann."

Es klopft. Seine Mutter kommt herein, in der Hand ein Tablett mit Cola und Keksen.

„Ich dachte, ich bring euch was", sagt sie und lächelt Tobias zu. „Nur so für zwischendurch."

„Mama!", sagt Marc.

„Wirklich nett von Ihnen", sagt Tobias, „aber ich muss. Leider."

„Das war aber ein kurzer Besuch", sagt Marcs Mutter.

„Kurz, aber intensiv", sagt Tobias und wirft Marc einen Blick zu. „Wiedersehen."

„Ein netter Junge", sagt Marcs Mutter, als unten die Haustür ins Schloss fällt.

7

Zwei alte Frauen, die schweigend dem Ausgang zustreben. Ein Friedhofsarbeiter in Gummistiefeln, der Kompost in eine Schubkarre schaufelt. Die brennenden Grablichter leuchten in der einsetzenden Dunkelheit. Die Stille ist bedrückend.

Vor ein paar Tagen haben sie ihn beerdigt. Die Gummireifen des Elektrowagens knirschten leise auf dem Kiesweg. Die Träger wuchteten den hellen Sarg vom Wagen, setzten ihn auf zwei Holzblöcken ab. Die angelaufenen Messinggriffe des Sarges hinterließen dunkle Abdrücke auf ihren weißen Handschuhen ...

Frau Gerber trägt ein schwarzes Kostüm. Ihr Hut ist mit schwarzen Federn geschmückt. Jedes Mal, wenn sie ausatmet, bewegt sich ihr Trauerschleier. Sie hat sich bei ihrem Mann eingehakt. Sein Gesicht ist unbewegt. Eine steinerne Maske. Die Worte des Pastors lösen sich in der kalten Luft in nichts auf. Jemand schnäuzt sich.

Der Mann neben ihm hat die Hände vor dem Bauch gefaltet. Plötzlich landet ein weißer Klecks auf seinem Unterarm. Vogelkot. Der Mann starrt auf den befleckten Jackenärmel, dann blickt er hinauf in den Himmel. Aber da ist nichts.

„Jetzt guck dir das an", sagt er zu seiner Begleiterin. „So eine Scheiße!"

Heiko und Tobias tuscheln aufgeregt miteinander. Marc kann nicht verstehen, was sie sagen. Aber die Richtung ihrer Blicke verrät, was sie meinen: Hinter den Trauergästen, neben einem großen Grabstein, steht die Kommissarin. Und wartet.

Er hat gedacht, alles wäre vorbei. Er hat sich getäuscht. Nichts ist vorbei. Sonst wäre sie nicht hier.

Die Ränder des Grabes sind mit grünen Matten ausgekleidet. Die Träger lassen den Sarg hinunter. Frau Gerber zittert. Ihr Mann drückt sie an sich. In einem Eimer stehen Rosen bereit. Herr Gerber zieht zwei heraus, lässt sie auf den Sarg fallen.

Es fängt an zu regnen.

„Auch das noch", sagt der Mann neben ihm zu seiner Begleiterin. „Ausgerechnet."

Regenschirme werden aufgespannt, einer nach dem anderen. Marc stellt sich in die Reihe, wartet, bis er ans Grab kommt. Die Regentropfen zerplatzen auf dem Sargdeckel. Er nimmt sich eine Rose, dreht sich zu der Kommissarin um. Sie schaut ihn an. Als gäbe es nur sie und ihn.

Auf dem Weg zurück spürt er ihre Blicke in seinem Rücken. Kurz vor dem Tor schließt sie zu ihm auf.

„Warum rennst du denn vor mir weg?", fragt sie.

„Ich renne nicht", sagt er. „Und weg schon gar nicht."

„Wir müssen reden", sagt sie. „Die Dinge haben sich verändert."

„Ach ja?"

„Ja", sagt sie. „Ich wünschte, es wäre nicht so, doch der Arzt, der ihn untersucht hat – er meint, dass Felix keines natürlichen Todes gestorben ist."

„Aber er ist doch gerade beerdigt worden. Ich dachte ..."

„... dass alles vorbei ist? Dass die Untersuchung eingestellt worden ist?" Sie schüttelt den Kopf. „Nichts ist vorbei. Es fängt gerade erst an ..."

Er hat hinter ihr hergeschaut, wie sie über die Straße zu ihrem Wagen gegangen ist; wie sie eingestiegen ist, mit der linken Hand den Mantel straffend, damit er beim Zuschlagen der Tür nicht eingeklemmt wird; wie sie sich beim Ausparken über die linke Schulter umgedreht hat;

wie die Rückleuchten ihres Wagens im Regen verschwammen ...

Der Name, das Geburtsjahr, das Todesjahr, ein Holzkreuz. Mehr nicht.

Ein Räuspern lässt ihn zusammenfahren.

„Tut mir leid, wenn ich störe, junger Mann", sagt der Friedhofsarbeiter, jetzt ohne Schaufel und Schubkarre, „aber wir schließen."

8

Er wollte nicht mitkommen, aber seine Eltern haben darauf bestanden. Er hat sich nicht durchgesetzt. So wie immer.

Die Landschaft fliegt an ihm vorbei. Die Ausläufer des Taunus. Die Obstplantagen in der Mainebene. Die alte Heimat.

Sein Vater hält das Lenkrad immer mit beiden Händen fest. Bessere Kontrolle, sagt er. Der Wagen riecht neu. Keine tausend Kilometer auf dem Tacho. Ein Dienstwagen vom neuen Arbeitgeber.

„Die wissen eben, was sie an mir haben", sagt sein Vater und lächelt Marcs Mutter zu.

„Bist zufrieden damit, ja?", fragt sie.

„Stuckert ein bisschen auf Querfugen", sagt er. „Liegt am Querlenker. Aber das kriege ich hin. Bei der nächsten Modellpflege ist das weg."

„Lust auf einen Apfel?", fragt sie und öffnet die Tupperbox. Sie schiebt ihm einen geschälten Apfelschnitz in den Mund, reicht die Dose nach hinten. „Auch ein Stück?"

Marc schüttelt den Kopf.

„Was ist eigentlich aus der Sache mit diesem Felix geworden?", fragt sein Vater und saugt sich laut schmatzend mit der Zunge Apfelfasern aus einem Zahnzwischenraum.

„Sie haben ihn vorgestern beerdigt", sagt seine Mutter.

„Und warum warst du dann gestern wieder bei der Polizei?", hakt sein Vater nach.

Statt zu antworten schaut Marc zwischen den Sitzen hindurch auf die Schaltkonsole. 140 PS, sechs Gänge, Klimaautomatik. CD-Spieler serienmäßig.

„Ich hab dich was gefragt", sagt sein Vater. „Und schau mich gefälligst an, wenn ich mit dir rede."

Marc hebt den Blick, bis er die Augen seines Vaters im Rückspiegel findet.

„Die glauben, er ist getötet worden", sagt er leise.

„Mein Gott", sagt seine Mutter.

„Und von wem?", fragt sein Vater. „Doch nicht von dir?"

„Jürgen!", sagt seine Mutter.

„War nur ein Scherz", sagt sein Vater. „Man wird doch noch einen Scherz machen dürfen."

„Aber doch nicht über so was."

„Verdammt!", flucht sein Vater und schlägt mit dem Handballen aufs Lenkrad. „Jetzt hab ich wegen dir die Ausfahrt verpasst."

Eine halbe Stunde später sitzen sie in Rüsselsheim bei den Wolters auf dem Sofa. Herr Wolters ist ein alter Freund seines Vaters. Die beiden haben bei Opel in derselben Abteilung gearbeitet.

„Schlimm", sagt Herr Wolters, „ganz schlimm, was da bei uns im Werk los ist im Moment. Eine Stellenstreichung nach der anderen."

„Da geht die nackte Angst um", sagt Frau Wolters.

„Für die in der Firmenzentrale in Detroit", sagt Herr Wolters, „für die sind wir nur eine Marke von vielen."

„Die haben ja keine Ahnung, wie wir hier kämpfen müssen", sagt Frau Wolters wie ein Echo. „Den einzelnen Menschen, den sehen die gar nicht."

„Wenn du willst", sagt sein Vater zu Herrn Wolters, „hole ich dich rüber zu uns."

„Wolfsburg?", sagt Frau Wolters und verzieht das Gesicht.

„Ist gar nicht so schlimm, wie ich dachte", sagt seine Mutter.

„Ich weiß nicht", sagt Herr Wolters.

„Du hast meine Telefonnummer", sagt sein Vater und klopft ihm auf die Schulter. „Für alle Fälle."

An der Wand hinter dem Esstisch hängt die Reproduktion eines alten Meriansticktes. Ansicht der Stadt Frankfurt. Herr Wolters kommt aus Frankfurt. Woher Frau Wolters kommt, weiß Marc nicht.

„Riecht ihr das?", fragt sein Vater und rümpft die Nase.

„Der Streuselkuchen!", ruft Frau Wolters und springt auf.

„Ich helf dir", sagt seine Mutter und folgt ihr in die Küche.

Herr Wolters verzieht das Gesicht. „Back keinen, hab ich ihr gesagt, aber sie hat drauf bestanden."

„Frauen", sagt sein Vater.

Was, verdammt noch mal, mache ich hier?, fragt sich Marc.

„Na, Junge", sagt Herr Wolters, „wie gefällt's dir denn da oben im Norden?"

„Geht schon", sagt Marc.

„Stell dir vor", sagt sein Vater zu Herrn Wolters. „Die haben da einen umgebracht."

„Jetzt hör aber auf!"

„Einen aus seiner Schule. Genauso alt wie er. Ein Freund von ihm."

„Gibt's doch nicht!", sagt Herr Wolters und schaut Marc entgeistert an.

„Doch", sagt Marc. „Gibt's."

Sein Vater legt ihm eine Hand auf die Schulter. „Die von der Polizei, die haben ihn ganz schön in die Mangel genommen", sagt er. „Richtig verhört. Mehrfach schon. Als ob er was damit zu tun hätte. Muss man sich mal vorstellen."

Aus der Küche dringt das Gekicher der beiden Frauen herüber.

„Erinnerst du dich noch an den Schlüter?", fragt Herr Wolters.

„Den aus der Fertigung?", fragt sein Vater.

Herr Wolters nickt. „Hat sich umgebracht. Letzte Woche. Einen Tag, nachdem sie ihm gekündigt haben. Nach über dreißig Jahren."

Sein Vater schüttelt den Kopf.

„Irgendwann explodiert das hier in diesem Land, das sag ich dir."

„Darf ich?", fragt Marc und öffnet die Terrassentür. Er tritt hinaus in den Garten. Der Grill ist schon aufgebaut. Eine Tüte mit Holzkohle, Grillanzünder, eine Zange für die Würstchen. Seine Eltern werden im Gästezimmer übernachten. Er wird im Hobbykeller schlafen. Neben der zusammengeklappten Tischtennisplatte. Der Wind weht die Geräusche der nahen Autobahn herüber. Das Singen der Reifen auf dem Asphalt. Die alte Heimat. So fremd, als hätte es sie nie gegeben.

9

Vor dem Laden von Herrn Sahic steht ein rostiges Gestell für die Obstkisten. Mit einem Fahrradschloss angekettet an einen Haken in der Wand. Die grüne Farbe blättert überall ab. Der Wind weht eine Zeitungsseite vorbei. 5 BILD am Sonntag. Darauf das Foto einer nackten Frau. Blonde Haare, große Brüste. Marc steht da und fragt sich, was schiefgelaufen ist. Warum das alles passiert ist. Wie er sich nur so täuschen konnte.

Es war ein Dienstag. Er hat hinter einer Hausecke ge- 10 wartet, bis sie mit einer älteren Frau aus dem Laden gekommen ist ...

Sie greift in eine Kiste mit Kirschen, reicht der Kundin eine zum Probieren.

„Wo kommen die denn her?", fragt die Kundin und 15 steckt sich die Kirsche in den Mund. Ihre Lippen sind grell geschminkt.

„Israel", sagt Melina.

„Um diese Jahreszeit?"

„Die ernten da das ganze Jahr."   20

„Geben Sie mir ein Pfund", sagt die Kundin und spuckt den Kirschkern aus.

Melina füllt Kirschen in eine Papiertüte. Das ist der Moment, in dem er vorbeigeht. Er lässt seine geöffnete Schultasche fallen, genau so wie er sich das vor- 25 her überlegt hat. Wie geplant fallen Hefte und Bücher heraus.

„Hoppla, junger Mann", sagt die Kundin. Ihr seidenes Halstuch ist mit Pferdeköpfen und Hufeisen bedruckt.

Er geht in die Knie, um Hefte und Bücher wieder in der 30 Tasche zu verstauen. Melina hebt sein Deutschbuch auf, reicht es ihm.

Ihre Finger sind lang und schmal. Ihr Haar riecht nach Aprikose. Sie trägt eine Kette mit einem goldenen Anhänger.

„Ich heiße Marc", sagt er hastig und errötet.

Für eine Sekunde schaut sie ihn an, dann wendet sie sich wieder der Kundin zu, als wäre nichts geschehen.

„Sonst noch was?", fragt sie.

„Danke", sagt die Frau, „das ist alles."

„Hier", sagt Melina und wirft Marc einen Apfel zu, ehe sie der Kundin in den Laden folgt. Er streicht mit dem Finger über die rote Schale.

„Ein Apfel", sagt er für sich. „Immerhin."

10

Sobald er das Schulgelände verlässt, fühlt er sich erleichtert. Der Druck fällt von ihm ab. Die Angst, den Erwartungen nicht zu genügen. Es ist kalt. Er hat seine Mütze vergessen. Er reibt sich die Ohren. Ein Scheitern ist nicht vorgesehen. Nicht in der Welt seines Vaters. Dabei spürt er tief in seinem Inneren so etwas wie Sehnsucht nach dem Untergang.

Der Strom der Schüler treibt auf die Haltestellen zu. Er ist mitten unter ihnen und doch ganz allein. Ein Hupen reißt ihn aus seinen Gedanken. Er weiß sofort, dass es ihm gilt. Er dreht sich um, schaut in das Gesicht hinter der Windschutzscheibe. Die Kommissarin beugt sich zu ihm rüber, öffnet die Beifahrertür.

„Steig ein, ich fahr dich nach Hause."

„Nicht nötig."

„Komm schon", sagt sie.

„Ich nehme lieber den Bus", sagt er.

„Wir können uns auch auf dem Revier treffen."

„Das ist Erpressung."

Sie fahren schweigend durch die Siedlung, vorbei an den Miethäusern und der Einkaufspassage mit dem bosnischen Gemüsegeschäft. Ein paar Straßen weiter wird die Bebauung flacher. Bungalows, weiß mit braunen Holzverschalungen. Kleine frei stehende Giebelhäuser.

„Da vorne links", sagt er.

Sie fährt weiter geradeaus. „Nur ein kleiner Umweg", sagt sie. „Ein paar Minuten, nicht mehr."

Am Ende der Straße steht ein Schild: frei für landwirtschaftlichen Verkehr. Dahinter beginnt ein Feldweg. Der Wagen knallt durch Pfützen, der Unterboden schrammt über den Grasstreifen in der Mitte des Weges. Sein Vater würde sich die Haare raufen.

„Wenn Sie so weiterfahren, muss ich kotzen", sagt Marc.

„Entschuldigung", sagt die Kommissarin und hält vor der Ruine.

„Betreten verboten", liest sie laut vor. „Lebensgefahr!"

„Ich finde das nicht witzig", sagt er. Er schaut an dem Betonskelett vorbei ins Braun der Felder. Zwei Krähen streiten sich um ein Stück Aas.

„Was war das hier für euch?", fragt sie. „So was wie ein Rückzugsort?"

Er verlagert die Schärfe, versucht im Staub der Windschutzscheibe Muster zu erkennen.

„Glaubst du wirklich, niemand hätte euch gesehen?", fragt sie.

Es gibt keine Muster im Glas, nur zufällige Schlieren vom letzten Regen. Was sie da sagt, ist garantiert nur ein Bluff.

„Warum lassen Sie mich nicht einfach in Ruhe?"

„Warum sagst du mir nicht einfach, was du weißt?"

Als ob es irgendetwas gäbe, das einfach wäre.

„Da ist was, was ich nicht verstehe", sagt die Kommissarin. „Ich habe mit seinen Eltern gesprochen. Sie sagen, Felix sei sehr aufgeschlossen gewesen. Lebensfroh."

„Na und?"

„Das passt nicht. Überhaupt nicht." Sie zieht das Buch hervor. „Wenn man liest, was hier alles so drinsteht. Viel zu düstere Gedanken für einen, der Freude hat am Leben, der alles noch vor sich hat."

„Hatte er ja gar nicht."

„Bitte?"

„Vor sich. Sein Leben. Ist ja tot."

„Als er das hier schrieb, hat er noch gelebt."

Sie schaut ihn an. Ihre Blicke zerschneiden sein Gesicht.

„Weißt du, was ich glaube?", fragt sie.

„Nein", sagt er. Obwohl er genau weiß, was jetzt kommt.

„Dass ihr was mit seinem Tod zu tun habt, du und die anderen", sagt sie.

„Glauben Sie, was Sie wollen", erwidert er.

Sie deutet auf die Ruine. „Was ist da drüben passiert?"

Eine gute Frage, die er nicht beantworten kann. Er versteht es ja selbst nicht.

„Nur ein paar Minuten, haben Sie gesagt."

„Was?"

„Nur ein kleiner Umweg."

Sie erwidert nichts, schweigt einfach. Er kennt das schon von ihr. Wenn sie nicht weiterkommt mit ihren Fragen, dann schweigt sie.

Es fängt an zu regnen. Dicke Tropfen, die auf die Motorhaube prasseln. Blechern und hohl.

„Weißt du, wie er aussah, als wir ihn gefunden haben?", fragt sie in den Regen hinein.

Er zuckt zusammen, wagt nicht sie anzuschauen.

„Es war nicht besonders kalt in den letzten Wochen", sagt sie. „Viel zu warm für die Jahreszeit. Es hat entsetzlich gestunken da unten."

Er hört das Blut in seinen Ohren rauschen. Wieder dieses Gefühl, sich übergeben zu müssen.

„Unglaublich, wie schnell sich so ein toter Körper verändert", fährt sie ungerührt fort.

Er reißt die Beifahrertür auf, sieht unter sich den lehmigen Grund, erbricht sich in den Matsch. Der Regen klatscht auf seinen Kopf, in seinen Nacken.

„Hier", sagt die Kommissarin und reicht ihm ein Papiertaschentuch. Er wischt sich den Mund ab, lehnt sich zurück in den Sitz. Sie beugt sich über ihn, zieht die Beifahrertür zu. Dann schlägt sie das Buch auf. Ihre Stimme klingt gleichförmig, fast gelangweilt, ihre Lippen bewegen sich kaum.

... Ich begann, sie zu beobachten: wo sie wohnten, was ihre Väter beruflich machten, wie viele Geschwister sie hatten. Ich hatte sowieso nichts Besseres zu tun. Was ich über sie erfuhr, notierte ich in einem Heft.

Ich schlich Ratte zum Handballtraining nach, verfolgte Hamster und seine Mutter zum Einkaufen bei ALDI, beobachtete Meerschweinchen, wie er am offenen Fenster seines Zimmers heimlich rauchte. Ich wollte ihnen so nahe wie möglich sein, ein Teil von ihnen sein, ohne dass sie davon wussten. Ihr Leben sollte mein Leben sein.

Der einzige Ort, an dem wir aufeinandertrafen, war die Schule.

„Was ist?", pflaumten sie mich an, wenn ich auf dem Hof wie zufällig an ihnen vorbeischlenderte.

„Was soll schon sein?", sagte ich dann und griff nach dem Heft in meiner Tasche. Es fühlte sich glatt an und kühl.

Ich dachte: Ich kenne euch besser als ihr selbst.

„Abflug!", sagten sie oder: „Verpiss dich!"

Ich dachte: Ich gehöre zu euch, ob ihr wollt oder nicht.

Sie kamen immer gegen Abend zu der Rohbauruine. Wenn es dunkel wurde. Ich erkannte sie schon von Weitem an der Art, wie sie auf ihren Fahrrädern saßen: Ratte in den Wind gebeugt, Hamster kerzengerade, Meerschweinchen hin- und herwackelnd, als würde er jeden Moment das Gleichgewicht verlieren und in den Dreck stürzen.

Zuerst wagte ich nicht, mich in den Keller zu schleichen, wenn sie da waren. Ich blieb oben stehen, eingehüllt in den Schatten der Betonsäulen, schaute hinaus auf die Felder oder rüber zur Siedlung. Der Rohbau war wie ein Schiff, die Felder wie das Meer. Ich steuerte raus, so weit wie möglich. Bis an den Horizont und weiter. Bis ans Ende der Welt.

Einmal hätten sie mich fast erwischt. Sie kamen die Kellertreppe hoch. Ich machte mich dünn hinter meiner Säule. Der Stoff meiner Regenjacke schabte über den Beton.

„Was war das?", fragte Hamster.

„Mach dir bloß nicht ins Hemd", sagte Ratte.

„Lasst uns abhauen", sagte Meerschweinchen.

Ich hörte, wie er sein Fahrrad nahm und es davonschob. Die anderen folgten ihm.

Dass die mein Herz nicht schlagen hören, dachte ich. Ein paar Minuten noch blieb ich stehen. Angespannt und unbewegt. Ich schwitzte, obwohl es kalt war. Und dachte daran, dass der Tag kommen würde, an dem sie mich entdecken und bestrafen würden dafür, dass ich ihnen unbemerkt einen Teil ihres Lebens stahl. Ich stand da und schwitzte und wusste, dass ich trotz der Gefahr weitermachen würde, dass es mir egal war, ob sie mich entdeckten, als gehöre die Entdeckung zu diesem Spiel dazu ...

Die Kommissarin lehnt sich zurück in ihren Sitz. „Einer von den dreien spielt Handball", sagt sie.

Marc schaut aus dem Beifahrerfenster. Alles grau. „Die meisten von uns spielen Handball", erwidert er. „Und rauchen. Und helfen ihren Müttern beim Einkaufen."

11

Er liegt reglos im Bett, lauscht seinem Atem. Wenn er sich nicht bewegt, lässt sich die Panik besser ertragen. Es gibt keine Rettung, das weiß er inzwischen. Nicht für ihn.

„Ich liebe dich", flüstert er in die Stille. Er ruft sie. Ihr Bild taucht vor ihm auf ...

Er hat sich eine Kinokarte gekauft. Er ist spät dran, der Hauptfilm beginnt jeden Moment. Er schiebt sich durch die vollen Reihen, lässt sich in den roten Samtsessel fallen. Noch läuft Werbung. Er fühlt sich erschöpft. Er mag diese Enge nicht. Für einen Moment bereut er hergekommen zu sein.

„Hallo", hört er eine Stimme hinter sich sagen. Er erstarrt. Es ist ihre Stimme. Langsam dreht er sich um.

„Was für ein Zufall!", sagt sie.

„Ja", sagt er und kneift die Augen zusammen. Das grelle Licht des Projektors blendet ihn. Er kann sie nur erahnen.

„Ich sehe dich gar nicht", sagt er.

„Ich dich schon", sagt sie und hält ihm ihre Popcorntüte hin.

„Danke", sagt er und greift hinein. Obwohl er gar kein Popcorn mag. Der Lichtkranz um ihren Kopf lässt sie strahlen wie eine Göttin. Vor seinen Augen tauchen schwarze Punkte auf.

„Ziemlich salzig", sagt sie.

„Was?"

„Das Popcorn."

„Macht nichts", sagt er. Die schwarzen Punkte werden zu Flecken, er sieht jetzt kaum noch etwas.

„Es geht los", sagt sie.

„Bitte?"

„Der Film."

„Klar", sagt er und dreht sich zur Leinwand um. Er schließt die Augen, aber die schwarzen Flecken bleiben, folgen den Bewegungen seiner Augäpfel unter den geschlossenen Lidern. Sie scheinen zu schweben. So wie er selbst.

Irgendwann sind die Flecken verschwunden. Er öffnet die Augen. New York. Kurz vor Weihnachten. Eine romantische Komödie. Er sieht Manhattan, sieht den verschneiten Central Park, sieht ein Liebespaar im Rockefeller Center Schlittschuh laufen – aber er sieht nichts von dem Film. Seine ganze Konzentration ist nur auf den einen Punkt hinter ihm gerichtet. Melina. Er stellt sich vor, neben ihr zu sitzen, ihre Hand zu halten, an ihrem Haar zu riechen, ihre Haut zu schmecken, sie zu küssen; oder sie einfach nur anzuschauen – stundenlang. Bis die schwarzen Flecken wiederkommen vom vielen Anschauen.

Als der Abspann läuft, wagt er nicht, sich umzudrehen. Er hört, wie sie aufsteht. Sie flüstert jemandem etwas zu. Vielleicht einer Freundin. Oder hat sie einen Freund?

„Und?", fragt sie. „Hat dir der Film gefallen?"

Er dreht sich zu ihr um. Jetzt, wo der Projektor abgeschaltet ist, kann er sie endlich erkennen. Sie trägt ein gemustertes Kleid. Über den Arm hat sie eine Sommerjacke geworfen. Ihr dunkles Haar ist hinten zusammengesteckt. In ihren Ohren stecken kleine Brillanten.

„Was ist denn?", fragt sie.

„Wieso?"

„Du schaust mich so an."

„Entschuldigung", sagt er.

Sie lassen sich im Strom der Zuschauer gemeinsam zum Ausgang treiben.

„Du hast mir noch nicht geantwortet", sagt sie.

„Was meinst du?"

„Der Film. Hat er dir nun gefallen oder nicht?"

„Und dir?", fragt er, nur um nichts Falsches zu sagen.

Sie verlassen das Kino, treten hinaus auf den Platz vor dem Bahnhof. An einem Imbiss gegenüber steht ein Punk, eine Bierflasche in der Hand. Neben ihm liegt ein riesiger struppiger Hund.

„Scheiß auf die Politiker", schreit der Punk. Er schwenkt seine Flasche, bis sie überschwappt. „Scheiß auf Deutschland!"

Der Hund bleibt ganz ruhig, rührt sich nicht, bewegt nicht mal die Ohren.

Melina schaut sich suchend um.

„Da bist du ja", sagt sie zu einem blonden Mädchen, das auf sie zukommt. „Meine Freundin Hanna", sagt Melina.

„Hallo", sagt Marc.

„Voll süß, der Film, oder?", sagt Hanna.

„Ja", sagt Marc. „Voll süß." Mehr fällt ihm nicht ein. Er fühlt sich unbehaglich.

Die Mädchen schauen sich an. Der Punk am Imbissstand schleudert seine Bierflasche von sich. Sie zerplatzt neben dem Eingang eines Drogeriemarktes. Auf dem Boden breitet sich ein schaumiger Fleck aus.

„Jetzt guckt euch diese Scheiße an", schreit der Punk und fängt lauthals an zu lachen. Der Hund rührt sich noch immer nicht.

„Also, wir müssen dann", sagt Melina.

„Okay", sagt Marc. „Und danke noch mal für den Apfel neulich."

„Was ist das denn für einer?", hört er Hanna im Weggehen sagen.

„Weiß auch nicht", sagt Melina. „Aber irgendwie mag ich ihn ..."

Alles wäre anders gekommen, wenn sie das nicht gesagt hätte. Dieses „Irgendwie mag ich ihn" hat ihn ausharren lassen, obwohl er eigentlich schon aufgeben wollte. Ein einziger Satz, der allem, was danach passiert ist, eine andere Richtung gegeben hat.

Sein Rücken schmerzt. Trotzdem bewegt er sich auch weiterhin nicht. Liegt still unter der Bettdecke und lauscht auf seinen Herzschlag. Versucht, ihn zu verlangsamen, wie ein Apnoetaucher, der sich ohne Atemgerät in die Tiefe sinken lässt – fünfzig, hundert, hundertfünfzig Meter. Vielleicht wird er es irgendwann schaffen, sein Herz ganz anzuhalten.

Es ist schon nach zehn. Seine Mutter sitzt unten im Wohnzimmer vor dem Fernseher. Sein Vater ist noch immer bei der Arbeit. Das wöchentliche Treffen der Projektleiter. Achsschenkelneuentwicklung. Sie stecken mitten in der heißen Phase.

„Das wird die Firma ganz nach vorne bringen", sagt sein Vater.

Marc hat ihn mal gefragt, was ihm wichtiger sei, seine Familie oder seine verdammten Achsschenkel.

„So nicht, Freundchen!", hat sein Vater geantwortet und ihm eine gescheuert.

12

Steine, denkt er, nichts als Steine. Aufeinandergetürmt, zusammengehalten von Mörtel, verputzt und mit Farbe versehen. Ein Gebäude, mehr nicht. Ein Ort, den Menschen morgens betreten, um zu arbeiten, und den sie abends wieder verlassen, um in ihre Behausungen zu fahren.

Das Polizeipräsidium. Bis vor ein paar Tagen hat ihn nichts verbunden mit diesem Gebäude, jetzt verbindet ihn alles damit. Es ist die Kommissarin. Sie zieht ihn an und stößt ihn ab, sie lässt ihn nicht mehr los.

Heiko ist bei ihr, deshalb steht er hier. Er wartet, dass er herauskommt. Er fragt sich, was gerade passiert in ihrem Büro. In diesem Geruch nach kaltem Rauch und Akten. Ob sie Heiko auch fragt, ob er schon mal in Griechenland war?

Er schaut an der Fassade empor. Er ist nur Zuschauer. Die Dinge geschehen mit einer Zwangsläufigkeit, die ihn erschreckt. Er sieht Heiko vor dem Schreibtisch der Kommissarin sitzen, die Hände auf den Oberschenkeln, den Rücken leicht gebeugt. Ob ihm die kleinen Spinnen aufgefallen sind? Sicher nicht. Für so was hat einer wie Heiko kein Auge. Der sitzt einfach nur da und schaltet auf stur. Ihr Schweigen gegen seine Sturheit. Es gibt keine Rettung.

Eine Hand legt sich auf seine Schulter. Er zuckt erschrocken zusammen. Die Hand gehört Tobias.

„Was machst du hier?", fragt Tobias misstrauisch.

„Heiko ist bei ihr", sagt Marc.

„Das weiß ich auch", sagt Tobias. „Aber woher weißt du das?"

Wie immer ist in seinem Blick ein Lauern. Aber zum ersten Mal seit Langem liegt auch Angst darin.

„Sie war in der Schule", sagt Marc. „Ich hab gesehen, wie sie mit ihm gesprochen hat."

Tobias schaut rüber zum Eingang des Präsidiums.

„Wie lang ist er schon drin?"

„Knappe halbe Stunde."

„Wenn er nicht dichthält, sind wir dran", sagt Tobias. Er beginnt an seinen Fingernägeln zu kauen.

Marc betrachtet ihn. Die scharfen Wangenknochen, das strohblonde Haar, die Augen, die so wässrigblau sind, dass sie zu zerfließen scheinen.

„Was glotzt du mich so an?", fragt Tobias gereizt.

„Ich glotze nicht", sagt Marc, „ich schaue nur."

„Dann schau woandershin!"

Also gut, denkt er, schaue ich eben woandershin.

Ein Streifenwagen kommt die Straße herunter. Er wendet sich ab. Der Streifenwagen hält neben ihnen. Der Polizist am Steuer lässt die Scheibe herunter.

„Alles klar?"

„Ja", sagt Marc. „Alles klar."

Der Polizist mustert sie. „Was macht ihr hier?"

„Wir stehen hier", sagt Tobias. „Ist doch nicht verboten, oder?"

„Nein", sagt der Polizist.

„Na dann", sagt Tobias.

Der Polizist wirft seinem Kollegen einen Blick zu, dann lässt er die Scheibe wieder hochfahren. Der Streifenwagen verschwindet auf dem Hof des Präsidiums.

„Scheißbullen", sagt Tobias.

Was für eine groteske Situation, denkt Marc. Zusammengeschweißt zu sein gegen ihren Willen.

„Da ist er", sagt Tobias und pfeift.

Heiko kommt zu ihnen rüber.

„Und?", fragt Tobias.

„Die Alte ist verdammt hart", sagt Heiko. Er wirkt verstört. Sie muss ihn bis an seine Grenzen gebracht haben.

„Das Schlimmste ist dieses Schweigen. Mittendrin hört die einfach auf zu reden."

„Macht sie immer so", sagt Marc.

„Das ist wie Folter."

„Hast du …?", will Tobias wissen.

„Nein", erwidert Heiko. „Natürlich nicht. Die hat versucht, mich abzukochen, aber ich hab auf Durchzug geschaltet."

„Und das Buch?"

„Das Buch ist eine große Scheiße. Weil es sie auf dumme Gedanken bringt. Aber es ist kein Beweis. Könnte genauso gut alles erfunden sein."

„Ist es aber nicht."

„Weiß sie doch nicht", sagt Heiko. „Wichtig ist nur, dass sie nicht auf Melina kommt."

Melina. Der Name versetzt Marc einen Stich. Tobias bemerkt das, grinst abfällig.

„Erinnerst du dich an sein dummes Gesicht", sagt er zu Heiko, „wie er geglotzt hat, als er sie erkannt hat?"

„Ja sicher", sagt Heiko.

„Hört auf!", sagt Marc.

„Scheiße!", sagt Heiko und deutet verstohlen rüber zum Eingang des Polizeipräsidiums. Hinter der Glastür steht die Kommissarin und schaut zu ihnen rüber.

13

Der Rohbau zeichnet sich hell gegen den düsteren Himmel ab. Sie hat ihn wieder von der Schule abgeholt.

„Wie oft wollen Sie noch mit mir hierhin?", fragt er.

„Kommt darauf an", sagt sie.

Marc schaut auf seine Uhr. Schon nach zwei.

„Meine Mutter wartet seit einer halben Stunde mit dem Essen auf mich", sagt er. „Die macht sich Sorgen."

„Felix' Eltern haben sich auch Sorgen gemacht", sagt die Kommissarin. „Und nicht nur eine halbe Stunde. Hast du eine Ahnung, wie das ist, wenn man nach Tagen der Ungewissheit in die Pathologie gerufen wird und seinen halb verfaulten Sohn identifizieren muss?"

Pathologie hier: medizinische Abteilung, in der Tote auf die Ursachen ihres Todes hin untersucht werden

Warum kann sie nicht aufhören damit? Übelkeit steigt in ihm auf. Genau wie neulich. Der Wunsch, sich all das kranke Zeug aus dem Leib zu kotzen, auch wenn er weiß, dass das nicht geht. Dass es nur einen Weg gibt, sich von den Bildern in seinem Kopf zu befreien.

„Gestern vor dem Präsidium", sagt sie. „Da wart ihr zu dritt."

„Na und?"

„Sagt dir das nichts, ‚zu dritt'?", fragt sie.

„Was soll mir das denn sagen?"

„Drei", sagt sie, „genau wie in dem Buch. Ratte, Hamster und Meerschweinchen."

„Sie mit Ihren Unterstellungen", sagt er.

„Was glaubst du, wie lange ich diesen Job schon mache?", fragt sie.

Was für eine blöde Frage, denkt er. „Keine Ahnung", sagt er.

„Fast fünfzehn Jahre", sagt sie. „Weißt du, wie viele Tatverdächtige und Zeugen ich in dieser Zeit vernommen habe?"

Nein, denkt er, woher soll ich das wissen?

„Hunderte", sagt sie. „Und alle haben versucht, mir was vorzumachen."

Sie blickt durch die Windschutzscheibe auf die brachliegenden Felder. Ein Stück weiter verläuft eine Eisenbahnlinie. Ein Regionalexpress zieht lautlos vorbei.

„Es ist deine Entscheidung", sagt sie schließlich. „Ganz allein deine."

Er kann ihre Halsschlagader pochen sehen. Er kann ihre Wärme spüren. Er könnte sie anfassen, jetzt gleich, sie mit den Fingern berühren. Er weiß nicht warum, aber er stellt sich vor, sie wäre nackt. Es ist verrückt. In Gedanken lässt er seine Hand an ihrem Hals hinunterwandern über ihre Brüste und weiter abwärts bis zu ihrem Schoß.

Aber ihr Schoß ist verdeckt von ihrer Jeans und ihrem Mantel und diesem verdammten Buch, das sie aufschlägt und aufs Lenkrad legt ...

... Die Entdeckung kam schneller, als ich dachte. Und anders als vermutet. Ich hatte mich eingeschlossen in einer der Kabinen, das Heft auf den Knien. Durch das gekippte Klofenster drang das Kreischen der Mitschüler auf dem Pausenhof herein. Ich hörte, wie jemand das Pissoir benutzte, die Spülung betätigte, sich die Hände wusch – aber ich achtete nicht darauf. Dann sah ich einen Kopf am oberen Rand der Kabinenwand auftauchen.

„Was machste denn da?", fragte Hamster. „Dir einen runterholen?"

„Nix", sagte ich und versuchte das offene Heft mit meinem Oberkörper zu verdecken.

Er grinste. Dann verschwand sein Gesicht. Ich hörte seine Schuhe auf dem Boden aufprallen, hörte die Tür zum Flur zuschlagen, dann war alles ruhig. Der Schulgong kündigte das Ende der Pause an. Das Geschrei auf dem Hof verebbte.

Ich steckte das Heft in den Hosenbund, verließ die Kabine, trat hinaus auf den Flur.

Im selben Moment spürte ich einen stechenden Schmerz in der rechten Schulter und Meerschweinchens Atem an meinem Ohr. Er hatte mir den Arm auf den Rücken gedreht.

„Wo ist es?", fragte er.

„Weiß nicht, was du meinst", sagte ich.

„Er hatte ein Heft bei sich", sagte Hamster zu den beiden anderen, „hab's genau gesehen."

„Red doch nicht so 'n Blech", sagte ich. „Ich war einfach nur auf dem Klo, mehr nicht."

„Hattest ja nicht mal die Hose runter", sagte Hamster.

„Ach nee", sagte Ratte.

„Es war vollgekritzelt mit irgendwelchen Notizen", fuhr Hamster fort. „Zuerst dachte ich, es wäre ein Porno."

„Lasst mich los!", forderte ich.

Meerschweinchen zog meinen Arm noch höher, drückte sein Knie in meinen Rücken. Ich versuchte, mich zu befreien, dabei rutschte mein Pulli hoch.

„Da schau her", sagte Ratte, fischte das Heft mit seiner freien Hand aus meinem Hosenbund, schlug es auf.

„Mann, hat der 'ne Sauklaue", sagte er.

„Was steht denn drin?", fragte Hamster.

Ratte antwortete nicht. Er las und wurde immer bleicher. Dann schlug er das Heft zu und schaute mich an.

„Dafür wirst du büßen", sagte er. Mehr nicht. Da wusste ich, dass ich nicht heil aus der Sache rauskommen würde ...

Die Kommissarin blickt ihn an. Sie wartet auf seine Reaktion. Aber die bleibt aus. Also öffnet sie die Fahrertür, steigt aus. Der Wind spielt in ihren Haaren. Sie geht um den Wagen herum. Sie schaut dabei nicht ein einziges Mal auf den Boden. Der Matsch scheint sie nicht zu interessieren. Sie öffnet die Beifahrertür.

„Komm", sagt sie ruhig.

Er bleibt sitzen. Seine Oberschenkel fühlen sich an, als seien sie mit dem Sitzpolster verwachsen. Auf ihren Hosenbeinen zeichnen sich braune Dreckspritzer ab.

„Nur, wenn Sie mich danach gehen lassen", sagt er.

„Jetzt mach schon", sagt sie. Der Klang ihrer Stimme verrät ihm, dass es sinnlos ist, sich zu widersetzen. Also steigt er aus. Sie greift nach einer Taschenlampe im Handschuhfach, schlägt die Beifahrertür hinter ihm zu. Die Betonsäulen des nahen Rohbaus kommen ihm vor wie riesige Zähne. Als warte die Ruine darauf, ihn zu verschlingen.

„Sie kriegen mich da nicht rein", sagt er.

Sie antwortet nicht, geht stattdessen durch den Matsch rüber zum Bauzaun. Am Eingang des Rohbaus wartet sie auf ihn. Der Wind weht ihr die Haare ins Gesicht. Sie streicht sie sich aus der Stirn. Sie ist schön. Er geht rüber zu ihr, er kann nicht anders. Er hat keine Wahl.

Sie schaltet die Taschenlampe ein, hebt das Polizeiabsperrband hoch, das am oberen Absatz der Kellertreppe angebracht ist. Sie geht voran. Unten bleibt sie stehen, schaut ihn an. Er weicht ihrem Blick aus. Die Treppe ist wie ein Schlund. Sie leuchtet ihm mit der Taschenlampe. Trotzdem tastet er sich wie ein Blinder Stufe um Stufe voran. Er hat das Gefühl, keine Luft mehr zu bekommen.

Schlund
Rachen, Abgrund

„Du zuerst", sagt sie und deutet auf den dunklen Gang.

Er schüttelt den Kopf, um dann trotzdem ihrer Aufforderung zu folgen. Der Schein ihrer Taschenlampe tanzt an den dunklen Wänden entlang. Er hört ihre Schritte hinter sich auf dem feuchten Boden. Bleibt an der ersten der Türleibungen stehen, die rechts und links in den Beton des Ganges eingeschnitten sind. Schaut hinein in einen der leeren Kellerräume, durch dessen winzige Fenster Lichtreste hereinfallen.

„Weiter", sagt sie und zeigt mit der Taschenlampe die Richtung. Kurz darauf stehen sie vor einer Metalltür am Ende des Ganges.

„Und jetzt?", fragt er.

Sie reicht ihm einen Schlüssel.

„Schließ auf", sagt sie und leuchtet auf das Schloss.

Er steckt den Schlüssel hinein, dreht ihn nach links, fühlt, wie die Zapfen im Inneren des Schließzylinders nachgeben. Dann öffnet er die Tür. Der Geruch nach Desinfektionsmittel schlägt ihm entgegen. Beißend und streng.

„Die Kollegen haben versucht, den Gestank zu beseitigen", sagt die Kommissarin. „Aber dieses Süßlich-Faule, das kriegt man nicht raus, das bleibt."

Sie reicht ihm die Taschenlampe. Er rührt sich nicht.

„Worauf wartest du?", fragt sie.

Er leuchtet ins Innere des Raumes, geht zögernd hinein. Ihm gegenüber hängen Sicherungskästen, aus denen Kabelenden ragen. Die Wände sind mit Graffiti besprüht. Es gibt keine Fenster. In einer Ecke liegt eine verfleckte Matratze, daneben steht eine grob gezimmerte Werkbank. Auf dem Boden Sägespäne. Wahrscheinlich haben die Bauarbeiter hier Holz zugeschnitten für Leitern oder provisorische Treppengeländer.

Er schaltet die Taschenlampe aus, ohne jede Vorwarnung, lässt sich in die Dunkelheit fallen wie in ein Bett.

„Was soll das?", fragt die Kommissarin.

Er reagiert nicht. Steht einfach nur da in der Finsternis und riecht diesen eigentümlichen Geruch. Lauscht in die Stille, in der er nicht einmal seinen eigenen Atem hören kann. Die Zeit steht still. Es gibt keine Bewegung mehr und keinen Raum. Nur noch schwarze Leere. Bis die Kommissarin ein Feuerzeug entzündet und rübergeht zu der Matratze, neben der ein Grablicht steht. Weißes

Stearin, mit rotem Kunststoff ummantelt. Sie zündet es an.

Stearin
*weiße Masse,
aus der Kerzen
und Seifen her-
gestellt werden*

„Hier hat er gelegen", sagt sie. „Da, auf der Matratze. Die Kerze brannte, als wir ihn fanden. Genau wie jetzt."

5 „Na und?"

„Warst du das?", fragt sie, ohne ihn anzusehen. „Hast du für ihn dieses Grablicht angezündet?"

„Sie sind ja verrückt", sagt er. Der Schein der Kerze flackert an der Betondecke.

10 „Gib mir die Taschenlampe", sagt sie und zieht das Buch aus der Tasche ...

... *Sie warteten zu Hause auf mich. Ich sah sie, als ich in meine Straße einbog. Es war sinnlos abzuhauen. Sie nahmen mich in die Mitte. Ich wusste, wo sie mit mir hinwollten, und* 15 *sie wussten, dass ich es wusste. Sie hatten das Heft gelesen. Kurz vor dem Rohbau teilten sie sich. Ratte und Hamster gingen vor, um die Lage zu peilen. Meerschweinchen blieb bei mir. Vom Rohbau her ertönte ein Pfiff. Alles war ruhig.*

„Du weißt ja, wo's langgeht", sagte Meerschweinchen.

20 *Ein komisches Gefühl. Ganz ruhig. Irgendwie leicht. Das Versteckspielen war vorbei. Keine Angst mehr, eher Neugier. Darauf, was jetzt passieren würde.*

Der Bauzaun, die Treppe, der Weg durch den Keller. Dann die Metalltür. Ein Kribbeln im ganzen Körper. Endlich sehen, 25 *was dahinter war.*

Sie hatten sich eine alte Matratze organisiert und ein paar Stühle. Als Tisch diente ihnen eine Werkbank, die von den Bauarbeitern zurückgelassen worden war. Es roch nach kaltem Zigarettenrauch.

30 *Meerschweinchen stieß mich auf die Matratze. Ratte zog das Heft hervor.*

„Was hast du dir dabei gedacht?", fragte er.

„Weiß nicht", sagte ich, „gar nichts."

„Willst du uns verarschen?"

„Nein ..."

„Lauter!"

„Ich ..."

„Was!?"

„Ich wollte euch einfach nur kennenlernen", schrie ich.

Sie starrten mich an. Sie verstanden es nicht. Natürlich nicht.

„Ich kenne euch besser als ihr selbst", sagte ich leise. „Ich gehöre zu euch, ob ihr wollt oder nicht."

„Der hat sie doch nicht alle", sagte Meerschweinchen.

„Vollschaden", sagte Hamster.

Ratte schaute mich an. Dann machte er einen Schritt auf mich zu.

„Wer zu uns gehören will, der muss was dafür tun", sagte er.

„Moment mal", protestierte Hamster. „Heißt das, du willst diesen Penner ...?"

„Pscht!", machte Ratte und legte einen Finger auf seine Lippen, ohne den Blick von mir abzuwenden. „Also", sagte er. „Was würdest du dafür tun?"

Ich spürte mein Blut pulsieren. Es rauschte in den Ohren. Jetzt würde es sich entscheiden. Im Licht einer flackernden Kerze, in einem fensterlosen Kellerraum aus Beton, in einem verlassenen Rohbau inmitten brachliegender Felder.

„Weiß nicht", sagte ich.

„Umsonst ist nicht", sagte Ratte und schlug das Heft auf. Ganz langsam riss er eine Seite aus, zerknüllte sie und warf sie zu mir rüber.

„Essen", sagte er.

„Was!?", fragte ich.

„Du sollst sie essen!"

„Aber ..."

„Kein ‚aber'!"

Ich griff nach der zerknüllten Seite, wog sie in meinen Händen. Kein Gewicht. Es war so einfach. Viel einfacher, als ich gedacht hatte. Ich würde einen Platz haben. Wenigstens
₅ *das. Ich glättete das Papier, riss kleine Streifen davon ab, steckte sie mir in den Mund, begann zu kauen.*

„Mann, ist das krass", sagte Hamster.

„Voll daneben", sagte Meerschweinchen.

Langsam riss Ratte die nächste Seite aus dem Heft ...

₁₀ Derselbe Raum, dasselbe Kerzenflackern. Ihm ist, als könne er das Reißen des Papiers hören.

„Sie haben ihn gezwungen, das ganze Heft zu essen", sagt die Kommissarin. „Seite für Seite. Er schreibt, dass er danach zwei Tage krank war. Durchfall und Fieber."

₁₅ „Selbst schuld", sagt Marc.

„Ist das alles, was dir dazu einfällt?", fragt sie.

„Was würden Sie denn gerne hören?"

„Die Wahrheit."

„Sie wissen doch gar nicht, was das ist: die Wahrheit",
₂₀ sagt er.

„Wer von den dreien bist du?", fragt sie.

14

„Entschuldige, wenn ich störe", sagt seine Mutter. „Aber Papa würde gerne ..."

„Was?", unterbricht er sie. Er hat ihr den Rücken zugewandt, steht am Fenster, schaut hinaus auf den Garten, der diese Bezeichnung nicht verdient, und auf die Wohnschachteln gegenüber. Er steht schon lange so da, wie verloren in dieser aussichtslosen Aussicht.

„Er will mit dir reden", sagt seine Mutter.

„Keine Lust."

Er stellt sich vor, wie sie jetzt nervös mit der Hand über die Türklinke fährt, hin und her und hin und her ...

„Jetzt mach es mir doch nicht so schwer", sagt sie.

„Er macht es dir schwer, nicht ich!", sagt er.

„Marc!", hört er seinen Vater ungehalten von unten heraufrufen. Erst jetzt wendet er sich zu seiner Mutter um. Sie steht in der Tür. Ihre Hand liegt tatsächlich auf der Klinke.

„Fühlst du dich wohl hier, Mama?", fragt er.

„Wie meinst du das?", fragt seine Mutter irritiert zurück.

„So, wie ich es sage."

„Marc!", ruft sein Vater erneut.

„Bitte", sagt seine Mutter. „Er ist im Keller."

Siebzehn Jahre Ehe, denkt er. Siebzehn Jahre, in denen sie immer getan hat, was ihr Mann von ihr verlangt hat.

„Irgendwas machst du falsch, Mama", sagt Marc und geht an ihr vorbei die Treppe runter.

Seit Tagen ist sein Vater dabei, seine Autorennbahn aufzubauen. Le Mans im Kleinformat. Exakt so, wie sie im Keller des alten Hauses gestanden hat. An den Wochenenden veranstaltete er mit Freunden Rennen. Sie führten Zeitlisten, fuhren Meisterschaften aus. Es war eine ernste

Le Mans Stadt in Frankreich; ist vor allem durch ihr alljährliches 24-Stunden-Autorennen bekannt

Sache. Irgendwann fing er an, die Rennwagen zu modifizieren. Andere Reifen, andere Übersetzungen. Kleine Gewichte, um die Balance zu verändern. Dann montierte er eine Lichtschranke.

„Motorsport ist Hightech", sagte er. „Da zählt jedes Tausendstel."

„Ist doch nur ein Hobby", sagte Marc.

„So wirst du niemals weit kommen", sagte sein Vater. „Mit *der* Einstellung nicht!"

Sein Vater rutscht auf den Knien unter der Anlage herum. Auf einem Stück Teppich. Legt letzte Leitungen, prüft noch einmal die Kontakte.

„Am Wochenende lade ich meine Projektleiter ein", sagt er, während er sich unter der Bahn hervorarbeitet. „Die werden begeistert sein." Er klopft sich die Knie ab. Trotz des Teppichs. „Was ist, fahren wir 'ne Runde?"

„Hast du mich deshalb gerufen?", fragt Marc. „Um mit mir 'ne Runde zu fahren?"

„Andere Söhne teilen das Hobby ihrer Väter", sagt sein Vater.

„Ich bin aber kein anderer Sohn", sagt Marc.

Sein Vater schaut ihn ernst an. „Was ist los mit dir? Bist ja nur noch ein Schatten."

„Soll das eine Predigt werden?"

„*Ich* versuche wenigstens, etwas aus meinem Leben zu machen."

„Achsschenkel", sagt Marc. „Wirklich toll."

„Andere sitzen in der Gosse, nehmen Drogen. Nimmst du auch Drogen?"

„Also doch 'ne Predigt."

„Guck dich an, Junge. Fahrig, nervös, abgemagert. Und du willst mir sagen, alles sei in Ordnung."

„Was willst du denn hören?"

Sein Vater zögert. „Deine Mutter glaubt, es hat mit dieser Sache zu tun", sagt er.

„Was für eine Sache?"

„Dieser tote Junge aus deiner Schule", sagt sein Vater. „Den sie ermordet haben. Deine Mutter denkt, du hängst da mit drin."

„Und du? Glaubst du das auch?"

„Ich weiß nicht, was ich glaube", sagt sein Vater. Seine Züge verhärten sich. „Ich weiß nur eins: Wenn du da mit drinsteckst, dann bist du die längste Zeit mein Sohn gewesen." Er zwingt sich zu lächeln. „Also, welchen willst du?", fragt er und deutet auf die Rennwagen vor sich. „Den Porsche oder lieber den Audi?"

Die Rennwagen rasen um den Kurs. Erst führt sein Vater das Rennen an, dann holt Marc auf. Je mehr er aufholt, desto verbissener wird der Gesichtsausdruck seines Vaters.

In den Kurven kann man die Wagen gezielt mit dem Heck ausbrechen lassen. Das ist die Gelegenheit, den anderen von der Bahn zu schubsen. Sein Vater versucht es mehrmals, aber Marc kann immer wieder ausweichen. Schließlich schafft er es, seinen Vater zu überholen. Nur noch zwei Kurven und die lange Gerade, dann hat er gewonnen. Aber will er das überhaupt: gewinnen? Scheiß drauf, Papa! Er drückt den Regler voll durch. Sein Wagen fliegt aus der Kurve.

Sein Vater schreit triumphierend auf und ballt eine Hand zur Faust.

„Musst du unbedingt so schreien?", fragt Marc.

„Kannst wohl nicht verlieren, was?"

Er hat es nicht begriffen, denkt Marc.

„Da musst du schon früher aufstehen, um mich zu schlagen", sagt sein Vater.

15

Das Wetter ist wieder stürmischer geworden. Der Wind peitscht in Böen durch die Straßen. Er kämpft dagegen an. Seine Ohren schmerzen. Er zieht sich die Kapuze seiner Regenjacke über den Kopf, zurrt die Bänder an beiden Seiten mit den Klemmverschlüssen fest. Er öffnet seinen Mund, lässt die kalte Luft hinein. Wenn er die Augen schließt, meint er, das Meer zu schmecken, auch wenn das mehrere Autostunden entfernt ist. Er hört die Schreie der Seemöwen, vernimmt das Tuckern des Fährenmotors. Auf einmal ist er wieder auf Baltrum, am Strand, mit seinen Eltern ...

Er ist sieben oder acht. Am blauen Himmel ziehen Wolken. Die Luft ist jodgeschwängert. Sein Vater baut einen Windschutz auf. Aus blauem Segeltuch. Er verspannt ihn mit Seilen, treibt Zeltheringe in den sandigen Grund. Marc liegt auf einem gemusterten Handtuch. Bunte Muscheln und Seesterne. Neben ihm liegt seine Mutter, die Arme wie ein Kissen unter dem Kopf verschränkt. Ihre Augen sind geschlossen. Von ihren Schläfen läuft ein Schweißtropfen an ihrem Ohr entlang, von dort auf den Hals und weiter, bis er sich in ihren Achselhaaren verfängt. Marc streckt die Hand nach dem glitzernden Tropfen aus. Seine Mutter schreit auf.

„Was machst du denn da?"

„Nichts", sagt er.

Das gerötete Gesicht seines Vaters taucht hinter dem Windschutz auf.

„Du solltest dich mal wieder rasieren", sagt er zu Marcs Mutter. „Sieht ja aus wie ein Urwald unter deinen Armen."

„Ja, Schatz", sagt sie. „Natürlich."

„Was ist mit dir, Sportsfreund", wendet sich sein Vater an ihn, „Sandburg?"

„Klar", sagt Marc und springt auf. Sein Vater hebt ihn hoch, klemmt ihn sich unter den Arm und läuft mit ihm zum Wasser. Die Welt steht quer. Am Ufer lässt sein Vater ihn fallen und fängt an mit den Händen zu buddeln.

„Na los", sagt er. „Worauf wartest du?"

Sie ziehen einen Graben. Häufen Sand auf. Formen eine Mauer und vier Türme. Mit einem kleinen Stück Holz modelliert sein Vater Zinnen, schabt Fenster- und Türhöhlen in die Sandwände, sticht einen Torbogen in die Mauer. Am Schluss heben sie eine lange Rinne aus, durch die das Meerwasser in ihren Burggraben fließen kann.

„Und?", fragt sein Vater. „Was sagst du?"

„Sie ist toll", sagt Marc.

„Auf geht's", sagt sein Vater und beginnt ein paar Meter weiter, ein Loch zu graben.

„Noch eine?", fragt Marc.

Sein Vater lacht. „Was viel Besseres."

Er gräbt weiter, hüfttief.

„Komm her", sagt er.

„Da rein?", fragt Marc.

„Aber sicher", sagt sein Vater und drückt ihn in das Loch.

„Ich will nicht", fleht Marc.

„Jetzt stell dich doch nicht so an", sagt sein Vater. „Wird dir garantiert gefallen."

Mit der einen Hand drückt er Marcs Körper hinunter, mit der anderen schiebt er den sandigen Aushub zurück ins Loch. Feucht und kalt klatscht der Sand gegen Marcs Bauch, gegen seine Brust, auf seine Schultern.

„Gleich fertig", sagt sein Vater. „Nur noch eine Sekunde."

„Hör auf", bettelt Marc, „bitte!"

Aber sein Vater schüttet ihn weiter zu, bis nur noch sein Kopf aus dem Sand ragt.

Und wieder lacht er. „Wenn du dich sehen könntest, Junge, erstklassig."

Dann ist er plötzlich verschwunden.

„Papa?", ruft Marc. „Papa!"

Er starrt auf das steigende Wasser vor sich. Die Wellen kommen näher und näher. Sie werden ihn verschlingen. Er versucht, sich zu bewegen, aber der Sand drückt gegen seine Brust, presst ihm die Arme gegen den Körper. Seine Beine fühlen sich an wie abgetrennt. Er kann sich nicht rühren, keinen Zentimeter. Er fängt an zu schreien.

„Was denn, was denn?", hört er die Stimme seines Vaters, der mit seiner Mutter vor ihm auftaucht, den Fotoapparat in der Hand.

„Jetzt schau dir das an", sagt er zu ihr. „Da will man ihm eine Freude machen, und dann so was."

„Lach doch mal", sagt seine Mutter. „Damit Papa ein Foto von dir machen kann."

Er fängt an zu weinen.

„Mein Gott", sagt sein Vater und drückt seiner Frau den Fotoapparat in die Hand. Mit Verachtung im Blick schaufelt er den Sand beiseite, packt seinen Sohn unter den Armen und zerrt ihn aus seinem Gefängnis. Wortlos stapft er zurück zu seinem Windschutz.

„Jetzt hör schon auf zu heulen", sagt Marcs Mutter. „Freu dich lieber, dass du einen Vater hast, der was mit dir unternimmt."

Abends, als sie an ihrem Tisch im Speisezimmer der Pension Anita sitzen, tun ihm noch immer die Arme weh. Die Haut unter seinen Achseln ist gerötet und brennt – da, wo sein Vater ihn festgehalten hat, um ihn aus dem Loch zu zerren. Die Besitzerin der Pension serviert das Abendessen. Bratwurstschnecken mit Kartoffeln und Soße.

„Schönen Tag gehabt?", fragt sie.

„Wunderbar", sagt sein Vater strahlend, „ganz herrlich."

„Das Klima ist für den Jungen einfach unbezahlbar", sagt seine Mutter.

„Na, dann langen Sie mal tüchtig zu", sagt die Wirtin und streicht Marc mit fester Hand übers Haar ...

Er fragt sich, wie oft sie auf Baltrum waren. Dreimal? Viermal? Er hat es vergessen.

Bei dem schlechten Wetter stehen keine Obst- und Gemüsekisten auf dem Gestell vor dem Laden. Die Waren sind drinnen aufgebaut. Es ist dunkel im Laden und kalt. Von der Decke baumelt eine einsame Glühbirne. In der Theke gegenüber der Tür stehen Gläser mit eingemachten Paprika und Oliven. Und eine Schale mit frischem Schafskäse. Hinter der Theke steht Herr Sahic, eine grüne Schürze umgebunden und einen abgetragenen Hut auf dem Kopf. Seine Haare sind eisgrau.

„Ja bitte?", sagt er mit starkem Akzent.

Er weiß nichts. Seine Tochter hat ihm nichts erzählt. Nicht von Marc und nicht von dem, was dann passiert ist. „Meine Eltern dürfen das nie erfahren", hat sie zu Marc gesagt.

Melina sieht ihrem Vater ähnlich. Dieselbe Nase, derselbe Ausdruck der Augen. Sie hat Marc nie erzählt, ob ihre Eltern wegen des Krieges in ihrer Heimat nach Deutschland gekommen sind. Er weiß nur, dass ein Bruder ihrer Mutter schon seit Jahrzehnten hier arbeitet, im Autowerk, irgendwo in der Montage.

„Frisches Obst, Gemüse ...", sagt Herr Sahic.

„Ich ..."

„... oder vielleicht lieber ein Stück Schafskäse?"

„Ich weiß nicht", sagt Marc.

In diesem Moment geht die Tür auf und Melina kommt herein. Sie begrüßt ihren Vater auf Bosnisch, gibt ihm einen Kuss. Erst dann bemerkt sie Marc, sieht ihn stehen, im Schatten neben den Gurken.

„Hallo", sagt er. Seine Stimme ist belegt.

Sie starrt ihn an. Ihre Lippen zittern. Da ist ein Flackern in ihrem Blick. Sie will etwas erwidern, verkneift es sich aber. Ihm wird bewusst, dass er noch immer die Kapuze aufhat. Er zieht sie sich vom Kopf. Sie drückt sich an ihrem Vater vorbei, verschwindet im Hinterzimmer.

„Melina!", ruft Marc.

Statt einer Antwort knallt sie die Tür zu. Ihr Vater, der dem Ganzen bisher unbeteiligt zugeschaut hat, kommt hinter der Theke hervor.

„Wer bist du?", fragt er. „Woher kennst du meine Tochter?"

Marc antwortet nicht. Wie könnte er Melinas Vater das alles erklären?

„Da ist die Tür", sagt Herr Sahic.

Marc kann ihm ansehen, wie sehr er sich beherrschen muss. Instinktiv macht er zwei Schritte rückwärts, stößt mit den Beinen gegen eine Gemüsekiste, gerät ins Stolpern.

„Raus mir dir", schreit Herr Sahic. „Raus!"

16

... Ich brauchte keine Taschenlampe. Ich kannte den Weg. Ich hätte ihn auch mit geschlossenen Augen gehen können.

Sie hatten mich zum Rohbau bestellt. Ich hatte ihnen alles erzählen müssen, was ich über sie herausgefunden hatte. Natürlich hatten sie wissen wollen, ob es noch ein zweites oder drittes Heft gab. Es war wie ein Verhör gewesen.

Sie hatten mir in Aussicht gestellt, aufgenommen zu werden in ihrem Club. Die Erniedrigung, als Ratte mich das Heft hatte essen lassen, war wie weggeblasen. Ich fühlte mich federleicht, als ich den Bauzaun passierte und die Treppe in den Keller hinunterging. Mit ihrem Wissen und auf ihren Wunsch hin. Das war wie ein Beweis: Ich hatte ihnen meinen Willen aufgezwungen, ich hatte sie besiegt.

Es hatte tagelang geregnet. Der Gang war feucht. Irgendwo musste Wasser reingelaufen sein. Meine Schritte knirschten auf dem Boden.

Als ich vor der Metalltür ankam, hielt ich inne. Ich lauschte. Kein Geräusch. Ich tastete nach der Klinke. Die Tür gab nach. Ich drückte sie auf. Kein Licht im Inneren. Nur schwarzes Dunkel.

„Hallo?"

Keine Antwort. Zögernd machte ich zwei, drei Schritte in den Raum hinein. Plötzlich fiel die Tür zu. Jemand musste ihr einen Stoß versetzt haben. Sie waren also doch da.

„Warum sagt ihr nichts?"

Wieder keine Antwort. Vielleicht war das ein Teil ihres Spiels. Also wartete ich. Stand in der Mitte des Raumes. Rührte mich nicht. Ich dachte: Irgendwann werden sie sich schon melden. Aber ich täuschte mich. Sie meldeten sich nicht.

„Okay, das reicht jetzt", sagte ich.

Ein Feuerzeug flammte auf, irgendwo rechts von mir. Als ich mich dorthin umwandte, war alles wieder schwarz. Dann ein Lichtblitz in meinem Rücken und ein dritter schräg vor mir.

„Bitte", flehte ich, „macht das nicht!"

Ich schloss die Augen. Aber das nützte nichts, denn jetzt fingen sie an, mit Gegenständen auf dem Boden oder an den Wänden zu kratzen. Ganz leise. Dabei wechselten sie sich ab, sodass ich niemals wusste, aus welcher Richtung das Geräusch genau kam.

„Aufhören!", schrie ich.

Es wirkte. Das Kratzen hörte auf. Stattdessen wieder diese Stille, in der ich nichts mehr hörte. Nicht mal mehr meinen eigenen Atem. Ich wagte nicht, mich zu bewegen. Mein Körper begann mir wehzutun. Erst die Füße, dann der Rücken. Mein Zeitgefühl löste sich auf.

Keine Spur mehr von Triumph. Nur noch Angst. Die Schwärze um mich begann sich in Masse zu verwandeln. Es war, als kämen vier schwarze Wände auf mich zu, quetschten mich zusammen und hinter ihnen kämen neue Wände, um mich ein zweites, ein drittes Mal zu zermalmen.

Das Geräusch war wie eine Erlösung. Bis ich begriff, dass es von einem Schlüssel stammte, der im Schloss rumgedreht wurde. Sie mussten sich unbemerkt rausgeschlichen haben.

„Hey!", schrie ich. „Hey!!!"

Ich hörte sie lachen, aber vielleicht war das auch nur Einbildung. Sie wussten, dass ich niemandem gesagt hatte, wo ich hingehen würde. Sie konnten mich hier festhalten, solange sie wollten. Niemand würde meine Schreie hören. In meinem Kopf kamen die Wände wieder auf mich zu, Stück für Stück. Ich schob mich rückwärts zur Tür hin, Zentimeter um Zentimeter. Bis ich das kühle Metall an meinem Rücken spürte. Ich schlug mit den Händen dagegen.

„Lasst mich raus", flehte ich, „bitte!"

Ich fing an zu heulen. Etwas Warmes lief mir an den Beinen herunter. Der Geruch nach Urin stieg mir in die Nase. Wie hatte ich nur glauben können, ich hätte sie besiegt?

Ich fiel hin. Mit dem Bauch zuerst. Ich versuchte nicht, den Sturz abzufedern. Wozu auch. Ich spürte einen stechenden Schmerz an meinem Kinn. Ich fuhr mit dem Zeigefinger darüber, zog mehrere Steinchen aus der Wunde. Ich leckte die Fingerkuppe ab. Sie schmeckte nach Blut.

Ich fing an zu schreien. So laut ich konnte. Auch wenn es völlig sinnlos war. Ich schrie, bis ich keine Stimme mehr hatte.

Dann hörte ich wieder den Schlüssel im Schloss. Ich versuchte, mich hochzurappeln, suchte nach der Klinke, drückte sie herunter. Die Tür gab nach. Vom Gang her schlug mir kühle Luft entgegen. Es war genauso dunkel wie in meinem Gefängnis. Es musste schon spät sein.

Es dauerte eine Weile, bis ich mich hinaustraute. Ich tastete mich an der Wand entlang. Der Rotz lief mir aus der Nase. Der raue Beton schnitt mir in die Hände.

Schließlich erreichte ich die Treppe, stolperte hinauf. Sie standen neben ihren Fahrrädern und rauchten.

„Da bist du ja", sagte Ratte. „War's schön da unten?"

„Wie der aussieht", sagte Meerschweinchen. „Wie ein Schwein."

„Und vollgepisst hat er sich", sagte Hamster und deutete auf den Fleck zwischen meinen Beinen. Die anderen lachten.

Ich griff nach meinem Fahrrad. Meine Hände brannten. Ich schob das Rad durch die Lücke im Bauzaun.

„Willkommen im Club", rief Ratte hinter mir her …

Die Kommissarin lehnt sich in ihrem Bürostuhl zurück.

„Was fühlst du, wenn du das hörst?", fragt sie. „Schämst du dich, oder ist es dir einfach nur egal?"

Er kann sich nicht wehren gegen das, was sie sagt. Er hat keine Kraft mehr. Als er aufsteht, drohen seine Beine nachzugeben.

„Beim nächsten Mal", sagt er, „sollten Sie sich eine Vorladung besorgen oder irgend so einen scheißrichterlichen Beschluss."

„Danke für den Tipp", erwidert sie. „Ich werde darüber nachdenken."

17

„Marc, Telefon!"

„Wer ist denn dran?", fragt er, als er die Treppe herunterkommt.

Seine Mutter steht im Wohnzimmer und bügelt. Sie hat den Fernseher eingeschaltet, schaut sich eine Seifenoper an. „Mein Gott", sagt sie. „Was die alles mit sich machen lässt."

„Wer?", fragt er irritiert.

„Nur weil sie ihn liebt", sagt seine Mutter mit Blick auf den Bildschirm und schüttelt den Kopf. „Das arme Mädchen."

Das Telefon steht auf einem kleinen Tischchen in der Diele. Marc greift nach dem Hörer. „Hallo?"

Auch wenn sich niemand am anderen Ende der Leitung meldet, weiß er sofort, dass es Melina ist. Sie weint.

„Warum weinst du?", fragt er.

„Es tut mir so leid", sagt sie.

„Mir auch", sagt er. Der Hörer an seinem Ohr ist wie ihr Kopf an seiner Schulter. Am liebsten würde er sie in den Arm nehmen. Sein Gesicht in ihrem Haar, eingehüllt von ihrem Duft. Aber da ist auch diese kalte Stelle. Etwas in ihm ist zerstört. Da wächst nichts mehr.

„Niemand hat dich gezwungen", sagt er. „Du hast es freiwillig getan."

„Ja", sagt sie.

„Also hör auf zu weinen", sagt er.

„Ja", sagt sie.

Er hört, wie sie sich in ein Taschentuch schnäuzt. Ich liebe dich so sehr, denkt er. Sein Herz klopft wie wild. Er würde es sich rausreißen, wenn er könnte.

„Was willst du von mir?", fragt er.

„Ich weiß es nicht", sagt sie. „Ich weiß es einfach nicht."

„Mach's gut", sagt er und legt auf.

Er hört seine Mutter schluchzen.

„Was ist denn, Mama?"

„Der junge Graf hat sie rausgeschmissen", sagt seine Mutter, die Augen starr auf den Fernseher gerichtet. „Er glaubt, sie betrügt ihn, dabei liebt sie ihn doch so sehr. Und das alles nur wegen dieser Intrige seines Bruders."

Intrige
hinterhältige
Machenschaft

„Dein Bügeleisen", sagt er.

„Was?"

„Riecht schon ganz komisch."

Erschrocken hebt sie das Bügeleisen hoch. Auf dem T-Shirt, das sie gebügelt hat, zeichnet sich ein brauner Rand ab. „Das auch noch", sagt sie.

Er liegt in seinem Bett und träumt. Mit offenen Augen. Der Sekundenzeiger seines Weckers wandert über das Zifferblatt. Sein Vater verlässt das Haus morgens um acht. Arbeitet den ganzen Tag. Um zehn kommt er nach Hause. Manchmal um elf. Dann schaut er Fernsehen, um zu entspannen. Marcs Mutter ist da längst im Bett. Wenn er frei hat, am Wochenende, ist er im Keller, schraubt an seinen Rennwagen rum. Tauscht Übersetzungen, zieht Moosgummislicks auf. Oder er räumt die Garage auf. Er ist immer beschäftigt, manchmal mit Freunden oder Kollegen, nie mit seiner Familie. Marc fragt sich, was seine Eltern noch miteinander verbindet. Und wenn es nichts mehr gibt, warum sie dann noch zusammen sind.

Ein Geräusch reißt ihn aus seinen Gedanken. Jemand hat ein Steinchen an sein Fenster geworfen. Er zieht den Vorhang beiseite. Am Ende des Gartens, hinter dem kleinen Zaun, steht Tobias. Er winkt ihm zu. Marc schaut auf seine Uhr. Es ist nach Mitternacht. Er macht

Tobias Zeichen, nach vorne zum Eingang des Hauses zu kommen.

Leise geht er die Treppe hinunter. Aus dem Wohnzimmer dringen Stimmen. Der Fernseher läuft. Die Jalousien sind heruntergelassen. Sein Vater liegt auf dem Sofa, unbewegt, die Augen geschlossen. In der Hand hält er die Fernbedienung. Sein Mund ist leicht geöffnet. Er trägt einen gestreiften Pyjama, darüber einen Bademantel. Einer seiner schwarzen Lederschlappen ist ihm vom Fuß gerutscht. Sein entblößter, weißhäutiger Fuß ragt über die Lehne des Sofas hinaus. Der Nagel des großen Zehs ist gelblich verfärbt.

Marc geht rüber zum Eingang, öffnet die Haustür.

„Du musst mitkommen", sagt Tobias aufgeregt. „Sofort!"

„Wenn du weiter so laut bist, wacht mein Vater auf", sagt Marc.

„Heiko", flüstert Tobias. „Er dreht durch!"

„Was meinst du damit?"

„Dass er im Begriff ist, Dummheiten zu machen."

„Scheiße", sagt Marc. Er lauscht Richtung Wohnzimmer, bedeutet Tobias ihm zu folgen. Sie schleichen die Kellertreppe hinunter. Er öffnet die Tür zum Hobbykeller, schaltet das Licht an.

„Oh Mann", sagt Tobias, als er die Autorennbahn sieht.

„Pscht", sagt Marc und schließt die Tür.

„Ist das deine?", fragt Tobias.

„Von meinem Vater", sagt Marc. „Also, was ist passiert?"

„Er hat mich eben angerufen."

„Na und?"

„Er ist total durch den Wind", sagt Tobias. „Er meint, er hält das nicht mehr aus."

„Und wo ist er jetzt?", fragt Marc.

„Auf dem Dach", sagt Tobias. „Von dem Hochhaus, wo er wohnt."

„Hallo", ruft Marcs Vater verschlafen. „Bist du das da unten, Junge?"

„Los", sagt Marc, „da drunter!"

Er schiebt Tobias unter die Anlage, legt den Hauptschalter um, greift sich einen der Rennwagen aus der Plastikbox im Regal, setzt ihn auf die Bahn, drückt den Regler hinunter. Der Wagen rast los. Keine Sekunde zu früh. Die Tür geht auf, sein Vater kommt herein.

„Was machst du denn hier?", fragt er. „Um die Zeit."

„Nichts, ich fahre nur ein bisschen."

„Du meinst, du übst heimlich", sagt sein Vater. „Weil du deine Niederlage neulich nicht verkraftet hast." Über sein Gesicht huscht ein Lächeln. In seiner Stimme liegt so etwas wie Triumph.

„Weiß nicht", sagt Marc. „Vielleicht."

„Das ist der richtige Geist", sagt sein Vater. „So muss man an die Dinge rangehen. Leben ist Wettbewerb." Er knufft Marc in die Seite. „Schlaf gut", sagt er. „Und denk an den Hauptschalter, wenn du fertig bist."

„Mach ich", sagt Marc.

Sein Vater verschwindet die Treppe hinauf. Marc schließt die Tür. Tobias kriecht unter der Anlage hervor.

„Mann", sagt er. „Wie ist der denn drauf?"

Heiko lebt in einer Hochhaussiedlung. Wie riesige Grabsteine ragen die Hochhäuser in den Nachthimmel. Die Straßenlaternen beleuchten die Leere dazwischen.

„Da oben ist er", sagt Tobias.

Heiko steht an einer der Dachkanten, sein Blick geht ins Nichts.

„Tu's nicht", flüstert Marc. Das alles kommt ihm unwirklich vor.

Sie klingeln in den Etagen, wo noch Licht brennt, drücken auf fünf, sechs Klingeln gleichzeitig. Irgendwann summt der Türöffner. Ein Mieter beschwert sich durch die Gegensprechanlage, flucht über die nächtliche Ruhestörung.

Sie laufen zum Aufzug, fahren hinauf ins oberste Stockwerk. Die Tür zum Dach steht offen, kalter Wind schlägt ihnen entgegen. Sie schauen sich an. Wenn sie jetzt einen Fehler machen, dann ...

Sie treten aufs Dach. Der Kies knirscht unter ihren Sohlen. Da vorne steht er, ein paar Meter von ihnen entfernt. Er trägt nur ein T-Shirt und eine lange Hose. Seine Füße sind nackt. Er hat ihnen den Rücken zugewandt.

„Heiko", ruft Tobias leise.

Er dreht sich nicht um, zuckt nicht einmal zusammen. „Sie ist mit mir rausgefahren", sagt er. „Zur Ruine. Sie hat mich gezwungen, mit ihr in den Keller zu gehen." Sein Atem geht heftig, seine Hände sind zu Fäusten geballt. „Sie weiß es. Sie weiß alles!"

„Selbst wenn", sagt Tobias. „Sie kann es uns nicht beweisen. Hast du selber gesagt."

„Ich hab mich geirrt", sagt Heiko. „Sie braucht uns nichts zu beweisen. Sie braucht nur zu warten, bis einer von uns die Nerven verliert."

„Deshalb sind wir hier", sagt Tobias. „Damit du sie nicht verlierst."

„Ich war so knapp davor, ihr alles zu erzählen", sagt Heiko. „So knapp ..." Seine Stimme bricht.

„Mit mir war sie auch da unten", sagt Marc.

Langsam dreht Heiko sich zu ihm um. Trotz der Dunkelheit können sie sehen, dass sein Gesicht aschfahl ist. „Dann weißt du, wie es ist."

Marc schaut auf die tote Stadt mit ihren kalten Lichtern. „Ja", sagt er. „Ich weiß, wie es ist."

„Hör zu", sagt Tobias. „Es ist total beschissen. Aber die Alternative ist noch viel beschissener. Ich hab keine Lust, in den Bau zu gehen."

„Ich auch nicht", sagt Heiko und macht einen Schritt auf die Dachkante zu.

„Ist dir klar, dass du uns dadurch mit reinreitest?", fragt Tobias kalt.

„Wieso denn?", sagt Heiko. Seine Stimme zittert.

„Denk nach", sagt Tobias. „Wenn die Tante von der Kripo deinen zermatschten Körper da unten vom Asphalt kratzt, dann hat sie ihren Beweis."

„Aber ich ..."

„Komm her."

„Bitte, ich ..."

„Her zu mir!"

„Verlang das nicht, bitte ..."

„Zu mir", schreit Tobias. „Sofort!"

Heiko starrt auf den Abgrund unter sich, dann dreht er sich um, geht auf Tobias zu. Als wäre er fremdgesteuert. Seine Oberarme sind von der Kälte gerötet. Er bleibt vor Tobias stehen, zitternd, wie ein geprügelter Hund. Er wagt nicht, ihm in die Augen zu schauen. Über seine Wangen laufen Tränen. Tobias versetzt ihm eine Ohrfeige. Dann noch eine.

„Mach das nie mehr", sagt er leise. „Hast du mich verstanden: nie mehr!"

Heiko nickt mechanisch. Aus seiner Nase läuft Rotz, vermischt sich mit den Tränen, tropft ihm auf die Brust.

Tobias nimmt seinen Kopf in die Hände, dreht ihn zu sich. „Du packst das", sagt er. „Klar?"

Heiko schaut ihn stumm an.

„Sag es", fordert Tobias. „Sag, dass du es packst."

„Ich pack das", sagt Heiko heiser.

„Lauter!"

„Ich pack das."

„Noch lauter!"

„Ich pack das!", schreit Heiko in den Nachthimmel.

Ein Alptraum, denkt Marc, einer, aus dem man erwacht und der trotzdem nicht aufhört.

18

Er schreibt seinen Namen in die rechte obere Ecke des Blattes. Daneben das Datum. Er schaut auf die Aufgaben. Natürlich weiß er, dass er eine Mathearbeit schreiben muss, und natürlich kann er die Aufgaben lesen. Aber er kann sie nicht verstehen. Als seien die Buchstabenkolonnen vor ihm in einer fremden Sprache geschrieben.

Er fängt an, Kreuze zu machen. Von oben links nach unten rechts. Er lässt kein Quadrat frei. Es sind keine Muster, die er malt, es ist die absolute Gleichförmigkeit, in der nur der Platz für seinen Namen und das Datum ausgespart bleibt. Als das erste Blatt voll ist, beginnt er mit dem nächsten, und als das voll ist, füllt er ein drittes Blatt mit den Kreuzen, so lange, bis die Zeit abgelaufen ist und er nach vorne muss, um seine Arbeit abzugeben. Die Lehrerin lächelt ihm zu. Er ist sehr gut in Mathematik. Vermutlich freut sie sich darauf, seine Arbeit zu korrigieren. Er legt seine Blätter auf den Stapel der anderen, geht zur Tür.

„Marc!"

Er dreht sich zu ihr um. Sie hält seine Blätter in der Hand, schaut ihn fragend an. Langsam geht er zurück zum Pult.

Sie wartet, bis alle anderen den Raum verlassen haben. Sie sieht blass aus.

„Kannst du mir das erklären?", fragt sie.

„Was denn?", fragt er zurück.

„Das hier", sagt sie und deutet auf die Blätter mit den Kreuzen. „Warum tust du so was?"

Er schaut sie an. Sie hat Augen so blau wie das Meer. Er wäre jetzt gerne am Meer. Hinausschwimmen, ganz weit, und sich dann hinabsinken lassen. Hinunter, immer weiter hinunter, bis auf den Grund …

„Hast du verstanden, was ich dich gefragt habe?", hört er sie von Weitem sagen.

„Ja."

„Was ist los mit dir?"

„Nichts", sagt er. „Alles in Ordnung."

„Wenn du Hilfe brauchst ..."

„Brauche ich nicht", sagt er. „Wirklich nicht."

Er geht den Mittellandkanal entlang. Der Regen klatscht auf das Wasser, Windböen kräuseln die Oberfläche. Weiter nach Westen, und er käme an die Nordsee. Nach Tagen oder Wochen, mit durchgelaufenen Sohlen ...

Sie geht neben ihm. Es ist ein warmer Tag im Spätsommer. Sie reden nicht viel. Auf der anderen Seite des Kanals liegt das Autowerk, kilometerlange Fassaden aus dunkelroten Ziegeln. Auf dieser Seite ist Idyll. Grüne Wiese am schnurgeraden Ufer. Ungemähtes, saftiges Gras.

Er lauscht auf ihren Atem, riecht den Duft ihres Haares. Warum ich?, denkt er und ist glücklich wie selten zuvor in seinem Leben.

Plötzlich ist sie verschwunden. Hinter ihm ein Kichern. Er dreht sich um, sieht sie im Gras liegen. Er war so in Gedanken versunken, dass er nicht gemerkt hat, wie sie stehen geblieben ist.

„Warum setzt du dich nicht?"

Er lässt sich neben sie ins Gras fallen. Auf dem Kanal fährt ein Schiff vorbei. Sie legt ihren Kopf auf den Boden, lauscht. Er tut dasselbe. Das Gras kitzelt an seinem Ohr. Der Dieselmotor des Schiffes tuckert dumpf. Die Vibrationen lassen seinen Körper erzittern. Er kann sogar die Schiffsschraube hören. Es ist, als fahre das Schiff mitten durch ihn hindurch.

„Verrückt", sagt sie, „oder?"

„Ja", sagt er.

Er schaut sie an. Die Sonne lässt ihre Augen strahlen. Ihre Haut schimmert. Sie pustet sich eine Strähne ihres Haars aus der Stirn.

„Weißt du, was meine Freundin Hanna über dich gesagt hat, neulich vor dem Kino?", fragt sie.

„Nein", sagt er. „Was denn?"

„,Was ist das denn für einer?'"

„Das hat sie gesagt?"

„Ja."

„Und du? Was hast du darauf geantwortet?"

„Na ja, dass ich dich ..." Sie macht eine Pause, als sei sie sich nicht sicher, ob sie weitersprechen soll.

„Jetzt sag schon", fordert er.

„Dass du mir gefällst."

Sie sagt es so, dass das Ende des Satzes in der Luft hängen bleibt, vage und leicht. Sie schaut ihn an. Er möchte in ihren Augen ertrinken. Schmetterlinge landen auf seinem Bauch. Tausende von ihnen. Er rührt sich nicht. Er spürt ihre Hand auf seiner. Ihre Finger gleiten über seinen Handrücken. Er schließt die Augen. Unter seinen geschlossenen Lidern nimmt er einen Schatten wahr, der sich vor die Sonne schiebt. Dass es keine Wolke ist, begreift er erst, als er ihre Lippen auf seinen spürt.

19

... „Und? Willst du immer noch dazugehören?"

„Ja", sagte ich. „Sicher."

Sie standen um mich herum, im Klo in der Schule.

„Tut uns echt leid", sagte Ratte. „Ich meine das da unten im Keller, du weißt schon."

„Wir haben gedacht, du hältst mehr aus", sagte Hamster.

„So kann man sich täuschen", sagte Meerschweinchen.

„Ist ja nichts passiert", sagte ich.

„Bis auf die vollgepisste Hose", sagte Hamster und kicherte.

Ratte verpasste ihm einen Stoß in die Seite. „Er meint das nicht so, wirklich nicht." Er streckte seine Hand aus. „Schlag ein."

Ich zögerte. Wenn ich einschlug, dann gehörte ich ihnen.

„Mach schon", sagte Ratte.

Ich schlug ein. Er hielt mich fest, zog mich zu sich heran, gegen meinen Widerstand, ganz nah.

„Dann wäre ja soweit alles klar", sagte er.

„Ja", sagte ich. „Alles klar."

Er ließ mich unvermittelt los, ich schnellte zurück, knallte gegen eine der Toilettenkabinen.

„Hoppla", sagte Hamster.

Die Tür zum Flur öffnete sich, ein Schüler kam herein. „Geschlossene Gesellschaft", sagte Meerschweinchen und schob ihn raus.

„Ey, wartet mal", sagte Hamster. „Ich finde, da fehlt noch was."

„Was denn?", fragte Ratte.

„Na ja", sagte Hamster und hob einen zerknickten Plastikbecher auf, der unter dem Waschbecken lag. „Ein würdiger Abschluss. So was wie 'ne Taufe."

„Taufe?", fragte Meerschweinchen.

„Taufe", sagte Hamster.

„Von mir aus", sagte ich, ohne mir was dabei zu denken.

„Also gut", sagte Ratte. „Taufen wir ihn." Er drehte den Wasserhahn auf, damit Hamster den Becher füllen konnte.

„Nicht so", sagte Hamster und drehte den Hahn zu. „So ist es langweilig." Er schaute mich an. Seine Augen funkelten.

„Wie denn?", fragte Meerschweinchen.

„Na, mit Weihwasser", sagte Hamster. „Ist doch logisch."

„Und wo willste das hernehmen?", fragte Meerschwein-chen.

Ohne den Blick von mir zu wenden, schob Hamster mit dem Fuß eine der Kabinentüren auf.

„Das kannste nicht bringen", sagte Ratte.

„Klar kann ich das", sagte Hamster.

„Das mache ich nicht", sagte ich.

„Hörst du das?", wandte sich Hamster an Ratte. „Kaum dabei, will er uns schon vorschreiben, wo's langgeht."

„Er hat recht", sagte Meerschweinchen.

Ratte überlegte. Er blickte mich an. Er rang mit sich, das war ihm anzusehen.

„Was ist schon dabei", sagte er schließlich zu mir. „Musst es ja nicht trinken."

„Na also", sagte Hamster und ließ seine Hand mit dem Becher in der Kloschüssel verschwinden. Das Wasser tropfte vom Rand des Bechers.

„Lecker", sagte Meerschweinchen.

„Komm her", sagte Hamster.

Ich tat es, kniete nieder, wie er es von mir verlangte. Es ist nur Wasser, redete ich mir ein, es ist nicht dreckig, es kommt frisch aus der Leitung. Ich spürte, wie Hamster mir den Kopf über die Schüssel drückte, wie das Wasser über meinen Kopf rann, wie es mir den Rücken hinablief. Das war der Moment, in dem ich aufhörte zu existieren ...

Sie hält inne, blickt ihn an.

„Kannst du dir vorstellen, was er damit meint: ‚der Moment, in dem ich aufhörte zu existieren'?"

„Nein", sagt Marc. „Kann ich nicht."

„Du warst doch dabei."

„Das sagen Sie."

Die Kommissarin wartet, bevor sie weiterspricht.

„Ich war in der Schule", sagt sie. „Ich hab mit deinen Mitschülern geredet."

„Na und?"

„Sie sagen alle dasselbe."

Sie beugt sich nach vorne, stützt die Arme auf die Schreibtischplatte. Die oberen Knöpfe ihrer Bluse sind geöffnet. Er kann die Sommersprossen am Ansatz ihrer Brüste sehen.

„Und was sagen sie?", fragt er.

„Dass ihr vier, Tobias, Heiko, Felix und du – dass ihr ständig zusammengehangen habt in der letzten Zeit. Dass ihr euch von den anderen abgeschottet habt."

„So ein Quatsch!", entfährt es ihm.

„Willst du damit sagen, die lügen alle?"

„Ich will gar nichts sagen!"

Die Kommissarin lehnt sich zurück. Sie seufzt. Dann steht sie auf. „Kaffee?"

Er antwortet nicht. Sie geht an ihm vorbei. Er hört, wie sie sich Kaffee einschenkt. Jedes Geräusch, das sie verursacht, lässt ihn innerlich zusammenzucken. Sie spielt auf Zeit, denkt er. Sie verändert ständig den Rhythmus. Schnell, langsam, langsam, schnell. Er soll sich nicht einstellen können auf den Verlauf der Vernehmung. Unvermutet spürt er ihren Atem an seinem Ohr. Der Duft ihres Parfums mischt sich mit dem Geruch nach Kaffee.

„Ich habe mich mit deiner Mathelehrerin unterhalten",
sagt sie.

Er hat das Gefühl zu schrumpfen. Als würde sich sein
ganzer Körper zusammenziehen.

„Sie hat mich angesprochen", sagt die Kommissarin.
„Sie war besorgt. Sämtliche Blätter deiner letzten Mathearbeit waren voll mit kleinen Kreuzen."

Sie wartet darauf, dass er sich äußert, aber er reagiert
nicht.

„Warum tust du das? Alles voller Kreuze malen. Welchen Sinn hat das?"

Keinen, denkt er, absolut keinen.

„Deine Lehrerin meint, das sei so was wie ein Hilfe-
schrei."

So ein Quatsch, denkt er, Blödsinn! „Ich brauche keine
Hilfe. Von niemandem."

„Sie glaubt, du verkraftest das alles nicht."

„Die soll nicht glauben, die soll Mathe unterrichten."

Die Kommissarin setzt sich wieder auf ihren Platz,
rührt in ihrer Kaffeetasse herum, nimmt einen Schluck.

„Oft sind die Dinge nicht, was sie zu sein scheinen",
sagt sie. „Das ist es, was meinen Job so schwierig macht:
zu unterscheiden. Es geht nicht um Schwarz oder Weiß.
Es geht um das, was dazwischen ist. Um die Zwischentöne.
Verstehst du, was ich meine?"

Er antwortet nicht.

„Ich würde dir gerne glauben", fährt die Kommissarin
fort, „aber ich kann nicht. Dafür ist das, was hier steht, einfach zu eindeutig."

„Sie haben null Beweise."

„Noch nicht", sagt die Kommissarin.

20

Auf dem Bett liegt eine gemusterte Tagesdecke. Dieselbe, die dort schon seit zehn Jahren liegt. Sie sind umgezogen, die Tagesdecke ist geblieben. Es gibt keinen Ausweg.

Er schlägt die Decke zurück. Nachts ist das Fenster geöffnet, auch im Winter. Seine Mutter verträgt keine Zugluft, deswegen schläft sie auf der Wandseite. Sie friert trotzdem.

Es ist vollkommen still im Zimmer. Er betrachtet sich in der verspiegelten Front der Schrankwand. Er streift sich die Schuhe von den Füßen, legt sich hin. Auf die Seite seiner Mutter. Schweißgeruch schlägt ihm entgegen. Im Kissen der Duft ihrer Haare ...

Baltrum. Das Jahr, in dem er in die Schule gekommen ist. Sie liegen im Bett in dem kleinen Zimmer in der Pension. Er kann nicht einschlafen. Der Wind spielt mit den Heckenrosen. Vom Meer her geht eine Brise. Wenn er seinen Atem anhält, kann er die Brandung hören.

„Der Mond ist aufgegangen", singt seine Mutter leise, „die goldnen Sternlein prangen, am Himmel hell und klar ...“

Sein Kopf in ihrer Armbeuge. Ihre Brust hebt und senkt sich gleichmäßig. Sie streicht ihm sanft übers Haar.

„Der Wald steht schwarz und schweiget, und aus den Wiesen steiget der weiße Nebel wunderbar."

Unter ihrer ärmellosen Bluse kräuseln sich kleine Härchen. Der Geruch ihrer Achselhöhle ist vertraut. Die Haut am Brustansatz wirft kleine Falten.

Sein Vater erscheint in der Tür. „Wo bleibst du denn?", fragt er.

„Der Junge kann nicht einschlafen", sagt Marcs Mutter.

„Durch die Singerei lernt er das nie", sagt sein Vater.

„Nur noch eine Strophe", fleht Marc.

„Und die Möllers?", sagt sein Vater. „Doppelkopf kann man nicht zu dritt spielen."

„Schlaf gut", sagt Marcs Mutter und steht auf.

„Aber ...", protestiert Marc.

„Und keinen Mucks mehr, Sportsfreund", sagt sein Vater und zieht seine Frau mit sich hinaus ...

Die Erinnerung schmeckt schal. Die Knie angezogen, rollt er sich zusammen wie ein Baby. Er spürt die Schlinge um seinen Hals. Sie zieht sich immer weiter zu. Es gibt keinen Ausweg.

Die anderen leben, er schaut immer nur zu. Melina. Ein paar Wochen im Sommer. Er dachte, sein Leben hätte endlich angefangen. Er hat sich geirrt. Vielleicht ist das ganze Leben nur ein Irrtum. Es gibt Menschen, die spüren nichts. Keine Kälte, keine Hitze, keinen Schmerz. Sie verletzen sich ständig, ohne es zu merken. Eine Krankheit.

Schmerz ist ein Schutzmechanismus, sagen die Fachleute, so etwas wie ein Alarmsystem. Sein Alarmsystem hat sich selbstständig gemacht. Der Schmerz frisst ihn von innen her auf. Irgendwann wird er nur noch eine leere Hülle sein ...

„Marc?"

Er schreckt hoch. Die Stimme seiner Mutter. Er hört ihre Schritte auf der Treppe. Er hat nicht gemerkt, dass sie nach Hause gekommen ist. Er muss eingeschlafen sein. Er springt aus dem Bett. Er will nicht, dass sie ihn so findet. Hastig wirft er die Tagesdecke zurück über das Bett.

„Was machst du denn hier?", fragt seine Mutter beim Reinkommen. Sie hat noch ihren Mantel an.

„Nichts", sagt er. Ihm fällt auf, dass ihre Schminke verlaufen ist. Ihre Augen sind verweint. „Stimmt was nicht?", fragt er.

Wortlos fährt sie sich mit der Hand über Stirn und Schläfe.

„Was ist denn?", fragt er. „Du hast doch irgendwas."

Der Ansatz eines Kopfschüttelns, dann verlässt sie das Schlafzimmer. Er hört sie die Treppe hinunterstolpern.

„Mama!"

Er findet sie auf dem Sofa im Wohnzimmer. Sie sitzt reglos da, starrt hinaus in den Novemberregen. Ihre Gesichtshaut ist noch blasser als sonst.

„Dein Vater hat eine Freundin", sagt sie leise, ohne sich zu ihm umzudrehen. Ihre Lippen zittern.

Ein Schlag mitten ins Gesicht.

„Seit drei Jahren", sagt sie.

Er spürt seinen Mund trocken werden.

„Sie hat mich heute Morgen angerufen. Wir haben uns getroffen. In einem Café. Sie heißt Sabine."

Was ihn erschreckt, ist die Ruhe, mit der sie das alles sagt. Sie hebt nicht ein einziges Mal die Stimme.

„Sie müsse mit mir reden, hat sie am Telefon gesagt. Sie halte das nicht mehr aus, dieses ewige Versteckspiel. Da wusste ich Bescheid." Sie macht eine Pause. „Sie ist noch keine vierzig. Eine attraktive Frau. Eine, nach der sich die Männer umdrehen. Nicht so eine graue Maus wie ich."

Eine Windböe lässt den Regen gegen das Terrassenfenster schlagen.

„Sie arbeitet in derselben Abteilung wie Papa. Sie haben sich bei der Internationalen Automobilausstellung in Frankfurt kennengelernt. Angeblich war es Liebe auf den ersten Blick." Und nach einem kurzen Innehalten fügt sie bitter hinzu: „Sie trägt das gleiche Parfum wie ich. Er hat es ihr geschenkt, sagt sie."

An irgendetwas muss er sich festhalten. Also zählt er die Eiben, die an der Grenze zum Nachbargrundstück stehen. Eins, zwei, drei. Bis ihm ein schrecklicher Gedanke kommt.

„Heißt das, Papa hat die Stelle hier nur angenommen, weil ... Wir sind wegen dieser Sabine hierhergezogen?"

Seine Mutter sitzt da wie festgewachsen, die Lippen zusammengekniffen, der Mund nur noch ein dünner Strich.

„Ja", sagt sie, „wegen ihr."

21

Er steht im Keller, in der Hand einen Hammer. Den größten, den er in der Werkzeugkiste in der Garage finden konnte. Er nimmt die Rennwagen seines Vaters aus ihren Kunststoffboxen im Regal, stellt sie auf die Bahn, einen nach dem anderen. Es sind mehr als zwanzig. Er fängt hinten an, arbeitet sich nach vorne. Für jeden Wagen einen Schlag. Die Holzplatte, auf der die Rennbahn montiert ist, schwingt im Rhythmus der Schläge. Das Geräusch zersplitternden Plastiks. Räder, die von den Achsen springen. Als er mit den Autos durch ist, nimmt er sich die Fahrbahn vor, die Geraden, die Kurven, die Steilkurven. Schließlich die Boxengasse und die Tribünen. Er arbeitet systematisch, unaufgeregt. Immer nur ein Schlag, aber den mit voller Kraft.

Er hört, wie oben die Haustür aufgeschlossen wird. Er stellt sich vor, wie sein Vater die kleine Diele betritt; wie er ins Wohnzimmer geht und seine Frau dort findet, verheult und zerbrochen; wie er sie fragt, was denn los sei; wie sie ihm nüchtern erzählt, dass sie erfahren hat von ihm und seiner Sabine; wie er innehält und im Moment dieses Innehaltens die Schläge aus dem Keller hört; wie er losstürzt, um zu retten, was nicht mehr zu retten ist ...

Tatsächlich hört Marc kurz darauf eilige Schritte auf der Kellertreppe, dann fliegt die Tür auf. Das Gesicht seines Vaters. Der Blick auf die Trümmer vor sich. Er braucht einen Moment, um zu begreifen, dann schlägt er seinem Sohn mit voller Kraft ins Gesicht, einmal, zweimal.

Marc wehrt sich nicht. „Du Scheißkerl", sagt er nur, „du verdammter Scheißkerl!"

Das ist wie ein Signal für seinen Vater.

„Was fällt dir ein?", schreit er. „Wie redest du mit mir!?"

Marc will an ihm vorbei, aber sein Vater erwischt ihn am Arm und schleudert ihn zurück. Marc kracht rückwärts auf die Anlage. Die Holzplatte bricht unter seinem Gewicht in der Mitte durch, er landet auf dem Kellerboden. Ein stechender Schmerz durchzuckt ihn. Sein Vater starrt ihn an, zerrissen zwischen Wut und Hilflosigkeit, bis die Hilflosigkeit die Oberhand gewinnt und er auf einem Stuhl niedersinkt.

„Ich wollte sie nicht betrügen, das musst du mir glauben."

Die Neonröhre an der Kellerdecke summt leise.

Marc rührt sich nicht, bleibt einfach liegen. Halt deinen Mund, denkt er, halt einfach deinen Mund.

„Ich hätte doch nie für möglich gehalten, dass mir so was passieren könnte", sagt sein Vater. „Ich bin da einfach so reingerutscht."

Und hast uns mit reingezogen, denkt Marc, und es war dir scheißegal.

„Manchmal kann man sich gegen Gefühle nicht wehren", sagt sein Vater.

Und Mamas Gefühle, denkt Marc, was ist mit denen?

„Du und Mama", sagt sein Vater. „Diese Familie." Er fängt an zu schluchzen. „Das war mir doch immer heilig."

Vielleicht glaubt er das ja wirklich, was er da faselt, denkt Marc, angewidert von so viel Selbstmitleid.

„Ich hab versucht, von ihr loszukommen", sagt sein Vater, „aber sie war stärker. Sie hat verlangt, dass ich mich von Mama trenne und zu ihr ziehe. Sie hat gedroht, alles auffliegen zu lassen. Ich habe gedacht, wenn ich den Job hier annehme, wird es einfacher."

Einfacher, dein Doppelleben weiter geheim zu halten, denkt Marc. Er rappelt sich hoch. Er erträgt das nicht mehr. Er hat immer Angst vor seinem Vater gehabt, jetzt spürt er nur noch Ekel. Dieser Ekel ist schlimmer als jede Angst.

„Ich will nicht, dass unsere Familie kaputtgeht", schluchzt sein Vater. „Ich brauche euch doch."

Wo warst du, als ich dich gebraucht habe?, denkt Marc und verlässt den Keller.

22

... Du spielst eine Rolle, ob du willst oder nicht. Jeder von uns. Meine war festgelegt. Vom ersten Tag an.

Sie standen auf dem Schulhof zusammen, so wie immer.

„Hallo", sagte ich, aber sie ignorierten mich. Als wäre ich Luft.

„Alles klar?", fragte ich. Dabei war nichts klar, das spürte ich.

Ratte griff sich in die Tasche, zog ein paar Münzen heraus, gab sie mir.

„Camel ohne", sagte er und wandte sich wieder den anderen zu.

Ich blieb stehen. Wie festgenagelt.

„Worauf wartest du?", fragte Ratte.

„Jetzt hör mal ...", sagte ich.

„Was?", fragte Ratte gereizt.

„Für mich 'ne Cola", sagte Hamster. „Kannst es mir auslegen, kriegst es später zurück."

„Soll das ein Witz sein?", fragte ich.

„Du bist hier der einzige Witz", sagte Hamster.

„Hab ich euch doch gesagt, dass der das nicht kapiert", sagte Meerschweinchen.

„Dazugehören oder nicht dazugehören", sagte Ratte.

Also ging ich. Kippen holen und eine Cola. Die Erniedrigung schob ich beiseite. Als ich zurückkam, waren sie freundlicher zu mir. Zuckerbrot und Peitsche. Mir war es egal, Hauptsache, ich war dabei. Ich schaute mich um. Ich bildete mir ein, neidische Blicke zu spüren. Von den anderen Jungen aus unserem Jahrgang. Ich war stolz.

Wer das nicht erlebt hat, kann das nicht verstehen. Der Blick verengt sich. Man sieht nur noch, was man sehen will. Nach einer Weile glaubt man, was man sieht. Irgendwann sieht man, was man glauben will. Und kann das eine nicht mehr vom anderen trennen.

Wann genau ich die Grenze überschritt, kann ich nicht sagen.

Sich zu wehren, war sinnlos. Irgendwann war es eine Frage der Ehre. Ich wollte wissen, wie viel ich aushalten kann.

Der Schmerz ist nicht das Schlimme. Der Schmerz sitzt nur an der Oberfläche. Das Schlimme sind die kurzen Momente, in denen man aufwacht und sich selber zuschaut. Wie soll man das ertragen? Also betäubt man sich. Mit weiterem Schmerz.

Ich war stolz auf mich. Ich war stärker als sie. Sie bezwangen mich an der Oberfläche. Darunter besiegte ich sie. Jeden Tag aufs Neue.

Ich weiß nicht, wer von ihnen die Idee mit der Farbe hatte. Wir hatten uns hinter einer Brücke versteckt. Am Stadtrand. Wir hatten Bier dabei. Und Farbdosen. Es war dunkel. Wenn ein Auto vorbeikam, sprühten wir. Zuerst trafen wir nicht. Es war schwer, die Geschwindigkeit der Autos richtig einzuschätzen. Der Fahrtwind drückte die Farbe von den Wagen weg. Irgendwann gelang es. Wir markierten die Autos. Natürlich war es krank, aber es machte Spaß. Bis ich einen Sprühstoß auf meinem Rücken spürte. Ich fuhr herum. Meerschweinchen grinste mich an.

„Sorry", sagte er. „War echt nicht extra."

Das war das Signal. Hamster kicherte. Und sprühte ebenfalls.

Sie gingen um mich rum und besprühten mich. Oberkörper, Arme, Beine. Schließlich mein Gesicht.

„Steht dir super", sagte Hamster.

„Grün ist die Farbe der Hoffnung", sagte Meerschweinchen.

„Warum wehrst du dich nicht?", fragte Ratte. „Wenn du Eier in der Hose hättest, würdest du dich wehren."

Wahrscheinlich hatte er recht. Aber um sich zu wehren, muss man etwas fühlen. Ich fühlte nichts. Keine Wut, keine Erniedrigung. Gar nichts.

„Jetzt zick nicht so rum", sagte Hamster. „War doch nur ein Spaß."

„Klar", sagte ich, „nur ein Spaß."

„Dann lach doch mal", sagte Meerschweinchen und schleuderte seine Farbdose von sich. Und zu Hamster: „Warum lacht der Idiot nicht?"

Ich verzog den Mund. Für ein Lachen reichte es nicht.

„Lasst uns abhauen", sagte Ratte.

Er stieg auf sein Rad. Die anderen folgten ihm. Ich blieb allein zurück, im Licht einer Straßenlaterne. Ein Auto hielt an. Die Scheibe fuhr herunter.

„Alles okay?", erkundigte sich der Fahrer besorgt.

„Wichser", rief ich zu ihm rüber und rannte los.

Zu Hause lief der Fernseher. Meine Eltern saßen davor. Ich schlich in die Küche, suchte nach einem Müllbeutel. Dann ging ich ins Bad. Als ich mich im Spiegel sah, bekam ich einen Schreck. Mit Reinigungsbenzin entfernte ich die Farbe aus meinem Gesicht. Das Benzin brannte auf der Haut. Natürlich hatten meine Haare auch etwas abbekommen. Mit der Nagelschere meiner Mutter schnitt ich die verklebten Büschel heraus, so gut es ging. Für den Rest benutzte ich wieder das Benzin. Meine Kleidung stopfte ich in den Müllbeutel. In meinem Zimmer zog ich mir frische Sachen an. Die Flasche mit dem Reinigungsbenzin steckte ich ein.

„Schon nach zehn", hörte ich meine Mutter sagen, als ich mich mit dem gefüllten Müllbeutel in der Hand am Wohnzimmer vorbei aus der Wohnung schlich. „Wo der Junge nur bleibt?"

So leise wie möglich zog ich die Tür hinter mir zu.

Mit dem Fahrrad fuhr ich zu den Feldern beim Roh-
bau. Dahin, wo die Krähen sich immer trafen. Ich stapfte
über die braune Erde, grub mit den Händen eine Mulde,
legte den Müllbeutel hinein. Ich goss das Reinigungsben-
zin darüber, zündete es an, lief zurück zu meinem Fahr-
rad. Das Gras am Rande des Weges war feucht. Ich streifte
mir die Erde von den Schuhen, wischte meine dreckigen
Hände ab. Das Feuer auf dem Feld leuchtete hell in der
Nacht.

„*Wo warst du?*", *fragte mein Vater, als ich zurückkam.*
„*Deine Mutter hat sich Sorgen gemacht.*"

„*Mit ein paar Kumpels unterwegs*", *sagte ich.*

„*Wenn du noch mal so spät kommst, bleibst du eine Woche*
lang zu Hause", *sagte mein Vater.* „*Nur dass das klar ist ...*"

Die Kommissarin schaut ihn an, ruhig, abwartend. Er
weicht ihr aus, blickt rüber zur Wand. Das Griechenland-
Plakat ist verschwunden.

„Ich musste es abhängen", sagt die Kommissarin. „Zu
privat, fand mein Chef."

„Und wenn schon", sagt er.

„Warum reagierst du so gereizt?", fragt sie.

„Ich reagiere nicht gereizt", sagt er.

„Doch", sagt sie, „das tust du. Und soll ich dir sagen,
warum?"

Nein, denkt er, das sollst du nicht.

„Weil dich das trifft, was ich dir vorlese."

„Ach ja?", fährt er auf.

„Ja", sagt sie, „mitten ins Herz."

„Sie haben ja keine Ahnung", bricht es aus ihm heraus.
„Null!"

„Wenn ich keine Ahnung hätte", sagt sie ruhig, „würdest du mich nicht so anschreien."

Er weiß, dass er einen Fehler gemacht hat. Er darf die
Kontrolle nicht noch einmal verlieren, auf keinen Fall.

„Ich hab den Abschlussbericht bekommen", sagt sie.
„Von der Kriminaltechnik. Wir wissen jetzt ziemlich genau, wie es passiert ist."

Einen Scheiß weißt du, denkt er, du warst nicht dabei.

„Auch wenn ich nicht dabei war", sagt sie, „ich glaube
nicht, dass es Mord war."

Sie wartet ab, wie er reagiert. Er fängt an, mit den Beinen zu wippen.

„Eher Totschlag", sagt sie, „eine Affekttat. Irgendetwas
hat beim Täter die Sicherungen durchbrennen lassen. Er
hat Felix gewürgt und ihn mit dem Kopf gegen die Wand
geschlagen, mehrmals. Wir haben Würgemale an seinem
Hals gefunden und Blutspuren an der Wand."

Wieder wartet sie, wieder reagiert er nicht.

„Zu dem Zeitpunkt hat er noch gelebt", fährt sie fort.
„Aber dann wirft ihn der Täter zu Boden und dabei bricht
Felix sich das Genick."

„Interessiert mich nicht", sagt er so beiläufig wie möglich.

„Sollte es aber", sagt sie. „Weil es für die Strafminde-
rung entscheidend ist. Voraussetzung dafür ist allerdings
ein Geständnis."

Sie schaut ihn offen an. Er erwidert ihren Blick.

„So kriegen Sie mich nicht", sagt er. „So nicht!"

„Vielleicht habe ich dich ja schon längst", sagt sie.

Sie schaut ihn ruhig an. Er erwidert den Blick. Ein Kräf-
temessen.

„Wollen Sie mit mir handeln?", fragt er.

„Warum nicht?"

„Mit mir kann man nicht handeln", sagt er. „Tut mir
leid."

23

Ihr Vater darf nichts mitbekommen. Also treffen sie sich heimlich. Sie gehen zusammen ins Kino. Sobald es dunkel wird im Saal, nimmt er ihre Hand. Er hört sein Herz schlagen, er riecht ihren Duft. Der Film ist ihm egal. Er ist wie betrunken. Er könnte überlaufen, so voll ist er von ihr.

Oder sie gehen am Kanal spazieren. Der Sommer ist heiß. Der Wind streicht warm über ihre Haut. Melina erzählt von zu Hause, vom Land ihrer Eltern, das ihr fremd ist wie der muslimische Glaube ihres Vaters. Sie erzählt von kleinen Dörfern ohne Strom, von Armut und Rückständigkeit. Sie erzählt von Serben und Kroaten, vom Sterben und Überleben im Krieg und von der Hoffnung ihrer Eltern, eines Tages zurückzukehren in die Heimat, die sie nicht hat.

Er erzählt kaum, schon gar nicht von sich. Er hört lieber zu. Nicht so sehr, was sie sagt, vielmehr: wie sie es sagt. Er speichert alles ab, jedes Wort, jede Silbe. Später, wenn er wieder zu Hause ist, allein in seinem Zimmer, lauscht er der Musik ihrer Stimme.

Manchmal küssen sie sich, lassen ihre Münder einander erforschen. Mehr nicht. Keine Hand auf ihrer Brust, keine Finger in ihrem Schoß. Es macht ihm nichts aus. Er hat alle Zeit dieser Welt. Er fühlt sich wie ein blühender Baum. Seine Äste wachsen in den Himmel.

Bis zu diesem verdammten Tag.

Sie sitzen auf der Wiese am Kanal. Das Gras steht kniehoch. Die Mittagshitze flirrt über dem Wasser. Schon beim Herkommen hat er gespürt, dass etwas nicht stimmt.

„Ist irgendwas?", fragt er.

Sie rupft Grashalme aus dem Boden. Das Motorengeräusch eines Flugzeugs durchschneidet die Stille.

„Du hast doch irgendwas", sagt er. „Das merke ich doch."

Sie dreht sich zu ihm um.

„Wir können uns nicht mehr sehen", sagt sie leise.

„So ein Unsinn", erwidert er, als habe sie einen Scherz gemacht. Der ernste Ausdruck ihrer Augen zeigt ihm, dass er sich irrt.

„Ich wollte es dir schon beim letzten Mal sagen. Ich hab mich nur nicht getraut."

„Hör auf!"

„Ich kann nichts dafür."

„Du sollst aufhören!", schreit er und springt auf. Sein Herz schlägt nicht mehr, es brüllt. Seine Hände sind schweißnass. Er reibt sie gegen seine Hosenbeine, aber das hilft nicht. Das Sonnenlicht glitzert im Kanal wie Juwelen.

„Warum tust du das?", fragt er.

„Es liegt nicht an mir", sagt sie. „Mein Vater hat rausgekriegt, dass wir uns treffen."

„Na und?"

„Er ist Bosnier."

„Ich werde mit ihm reden."

„Du verstehst das nicht."

„Ich erkläre es ihm. Ich sage ihm einfach, dass du und ich ..."

„Dass wir was?"

„Dass wir ..." Er beendet den Satz nicht. Das Ablehnende ihrer Haltung, ihr kalter Blick hindert ihn daran. Da begreift er.

„Ach so", sagt er leise.

„Was?"

„Warum machst du das?", fragt er traurig.

„Was denn?", gibt sie ungeduldig zurück.

„Deinen Vater vorschieben."

Sie lässt die Grashalme fallen. Sie tut empört, aber ihre Augen verraten sie erneut. Er weiß, dass er mit dem, was er sie jetzt fragt, zu weit geht. Aber er kann nicht mehr zurück.

„Gibt es ... einen anderen?"

„Wie kommst du darauf?"

„Ja oder nein?"

„Was soll das?"

„Ich frag dich."

Sie schaut ihn an. Nur noch Hülle. So hat er sie noch nie gesehen. „Es ist aus", sagt sie. „Aus und vorbei!" Ihr Gesicht eine steinerne Maske.

Ihm wird eiskalt. Er hat das Gefühl, in sich zusammenzufallen. Alles, was er von ihr kennt, fließt in diesem Augenblick zusammen: das Zarte ihres Duftes, die Weichheit ihrer Haare, die Farbe ihrer Augen, ihr Lachen, ihre Art sich zu bewegen, der Zauber ihrer Stimme ...

„Ich muss gehen", sagt sie und steht auf.

„Warte", sagt er.

Sie hört nicht auf ihn. Ihre Schritte rascheln leise im Gras. Auf dem Kanal gleitet ein Schiff vorbei. Ein kleines Mädchen an Bord winkt ihm zu. Ihre Mutter hängt Wäsche auf.

Er schreit, ohne seinen Mund zu öffnen. Es zerreißt ihn. Jede Pore seiner Haut, jede Zelle seines Körpers. Auf einer Erde, die sich in alle Richtungen gleichzeitig dreht. In einer Luft, die sich nicht länger atmen lässt.

Der Regen hat zugenommen, läuft in den Kragen seiner Jacke. Es interessiert ihn nicht. Er sitzt auf einer Mülltonne, schaut rüber zu Heiko und Tobias. Er beobachtet, wie sie mit ihr reden. Er kann nicht verstehen, was sie sagen, aber er sieht, dass sie aufgebracht sind. Genau wie Melina. Ihre Haare kleben in nassen Strähnen in ihrem Gesicht.

Tobias hat ihn gefragt, ob er dabei sein will, aber er hat abgelehnt. Sie zu sehen, kann er ertragen. Sie zu hören, nicht. Er muss ihre Stimme aus seinem Kopf bekommen, sonst wird er verrückt.

Ihre Blicke treffen sich. Er weiß, dass er sie nicht vergessen wird. Sie weiß das auch. Sie sind miteinander verbunden, solange sie leben. Ein Trost ist das nicht.

Er beobachtet, wie sie davongeht. Sie wirkt klein und zerbrechlich. So schön hat er sie noch nie gesehen.

Tobias und Heiko kommen zu ihm rüber.

„Schöne Scheiße", sagt Heiko.

„Sie will es loswerden", sagt Tobias. „Reinen Tisch machen."

„Was heißt das?"

„Sie will sich selbst anzeigen."

„Und?"

„Ich hab ihr klargemacht, dass es nicht nur um sie geht."

Dasselbe hat er zu Heiko gesagt, oben auf dem Dach. Heiko hat seine Lektion gelernt. Er funktioniert wieder. Ohne eigenen Willen. Wie ein Roboter.

„Hat sie's verstanden?"

„Als ich von ihrem Vater angefangen hab, schon."

„Was hast du ihr gesagt?"

„Dass er seinen Laden dichtmachen kann, wenn alles rauskommt. Weil keiner mehr bei ihm kaufen wird. Und dass er sie nicht mehr mit dem Arsch angucken wird, wenn er erfährt, was sie so alles draufhat."

„Du hast ihr gedroht."

„Ich hab versucht unsere Ärsche zu retten. Deinen auch."

Marc ist überrascht. Tobias glaubt immer noch, heil aus der Sache rauszukommen. Genau wie Heiko. Dass die beiden so naiv sind. Er hat sie völlig überschätzt. Wäre ihm das früher klar geworden, wäre das, was im Keller geschah, vielleicht zu verhindern gewesen. Er wundert sich über seine Ruhe. Als ginge ihn das alles nichts an. Woher kommt diese Gleichgültigkeit?

Er springt von der Mülltonne, streicht sich die nassen Haare aus dem Gesicht. Die Menschen folgen unsichtbaren Plänen, denkt er. Sie glauben, sie könnten entscheiden, dabei steht alles längst fest. Niemand hat sein Leben allein in der Hand, niemand. Man kann seinem Schicksal nicht entkommen.

„Bis dann", sagt er. „Wir sehen uns."

24

Schon als er die Haustür aufschließt, kann er es riechen. Seine Mutter hat gekocht. Schweinelendchen in Pilzrahm. Das Lieblingsessen seines Vaters. Die beiden hocken in der Essecke und lassen es sich schmecken. Als wäre nichts.

„Fantastisch", sagt sein Vater und fährt mit seinem Messer durch das Fleisch. „Genau so, wie es sein muss."

Das kann einfach nicht wahr sein, denkt Marc.

„Da bist du ja", sagt sein Vater.

„Setz dich doch", sagt seine Mutter.

„Keinen Hunger", sagt er, obwohl er seit Stunden nichts gegessen hat.

„Komm schon", sagt sein Vater. „Wo deine Mutter sich so viel Mühe gemacht hat."

Er schiebt ihm einen Stuhl hin. Marc setzt sich. Er begreift das nicht: Wieso macht sie das? Seinem Vater sein Lieblingsessen kochen. Nachdem er sie jahrelang betrogen hat; nachdem er sie in diese kalte Stadt gezwungen hat, in dieses schreckliche Haus, nur um seiner Geliebten näher sein zu können.

„Ich hab mir ein paar Tage freigenommen", sagt sein Vater zu ihr, „damit wir endlich mit dem Dachausbau vorankommen." Er zieht einen Katalog hervor, legt ihn neben ihren Teller.

„Schlag ruhig mal auf", sagt er. „Seite siebzehn. Modell Allebrø." Er schaut sie erwartungsvoll an. „Du wolltest doch immer einen offenen Kamin."

„Mein Gott, Jürgen", sagt sie. Den Katalog rührt sie nicht an.

„Ein Kaminofen aus Gusseisen", sagt er. „Die Dänen sind da führend. Kompakt in der Form, problemlos im

Aufbau." Er schlägt den Prospekt auf. „Hier, das ist er. Mit extragroßem Sichtfenster. Damit man auch was hat vom Feuer."

Marcs Mutter hat Tränen in den Augen.

„Hauptsache, du freust dich", sagt sein Vater. Es klingt wie ein Befehl. Er reicht ihr seine Serviette. Sie wischt sich die Tränen ab.

„Und was uns angeht, Junge", sagt sein Vater. „Du weißt schon, das mit der Carrerabahn – das ist vergessen, Schwamm drüber."

Marc würde ihm am liebsten ins Gesicht spucken. Der flehende Blick seiner Mutter hält ihn ab.

Das Telefon klingelt.

„Ich geh schon", sagt sein Vater und verschwindet im Flur.

„Allebrø", sagt Marc abfällig. Seine Mutter sitzt ihm wie ein Häuflein Elend gegenüber. Sie schämt sich, das kann er ihr ansehen.

„Warum tust du dir das an, Mama?"

„All die gemeinsamen Jahre", sagt sie und fährt mit den Fingern verloren über die Tischdecke. „Das kann man doch nicht einfach so wegwischen."

„Genau das hat er getan!"

Er weiß, dass er seine Mutter damit verletzt. Sie blickt rüber zur Diele, aus der gedämpft die Stimme seines Vaters dringt. Was er sagt, ist nicht zu verstehen.

„Er hat sie verlassen", versucht sie, ihn in Schutz zu nehmen.

„Und du glaubst ihm das?"

„Er hat mir die Kündigung von der Wohnung gezeigt."

„Sie arbeiten zusammen, Mama! Sie sehen sich jeden Tag."

„Er will sich in eine andere Abteilung versetzen lassen."

„Na toll", sagt Marc. „Von den Achsschenkeln zu den Lenkgetrieben."

„Es ist ihm ernst."

„Das hat er ihr bestimmt auch gesagt."

„Warum willst du ihm keine Chance geben?"

„Weil er keine verdient. Deshalb."

Er hört, wie im Flur der Telefonhörer aufgelegt wird. Einen Moment lang geschieht nichts. Dann kommt sein Vater zurück. Seinem Gesicht ist anzusehen, wer angerufen hat. Marcs Mutter zerknüllt die Serviette in ihrem Schoß. Ihre Hände krampfen sich in den weißen Stoff.

„Wird sie jetzt jeden Abend hier anrufen?", fragt sie.

„Du musst das verstehen", sagt sein Vater. „Das ist auch für sie nicht so leicht."

„Natürlich nicht", erwidert seine Mutter leise und steht auf, um das Dessert zu holen.

25

Angst ist das falsche Wort. Neugier trifft es besser. Sie muss etwas Entscheidendes herausgefunden haben. Sonst hätte sie ihn nicht schriftlich vorgeladen.

Er hat das Schreiben bei einem uniformierten Beamten am Eingang abgegeben. Der hat bei ihr angerufen und ihn nach oben geschickt. Mit jedem Schritt wird er ruhiger. Als er ihr Büro erreicht hat, glaubt er sich mit sich selbst im Reinen. Er ist bereit.

Er klopft. Niemand antwortet. Das Licht ist eingeschaltet, aber das Büro ist leer. Er kann ihr Parfum riechen. Sie hat ein neues Plakat aufgehängt. Eine Landschaft irgendwo im Süden. Darunter ein Kalendarium. Dagegen kann ihr Chef nichts sagen.

Er setzt sich, wartet. Die Zeit dehnt sich. Die Kaffeemaschine tropft leise vor sich hin. Im Nachbarbüro tippt jemand auf einer Tastatur. Irgendwo läutet ein Telefon.

Das Buch liegt aufgeschlagen auf ihrem Schreibtisch. Er erkennt es an seinem blauen Einband. Eine Stelle ist mit Bleistift markiert und mit einem Ausrufezeichen versehen. Daneben steht eine handschriftliche Bemerkung. Er versucht, nicht hinzuschauen, aber seine Neugier ist stärker ...

„Leck es auf!"

„Was?"

„Dein Bier", sagte Hamster. „Du hast es verschüttet, also leck es auf!"

Die Kerzen flackerten. Ratte lag gelangweilt auf der Matratze. Sein rechter Zeigefinger steckte im Hals einer Bierflasche. Er zog ihn raus, steckte ihn wieder rein, zog ihn wieder raus ...

„Was ist jetzt?", fragte Hamster.

„Ich habe es nur verschüttet, weil du mich geschubst hast", sagte ich.

„Mann, bist du Scheiße", sagte Meerschweinchen.

Hamster schaute zu Ratte rüber. Der ließ die Bierflasche an seinem Finger hin- und herschwingen. Dass er nichts sagte, machte Hamster nervös. Meerschweinchen zog an seiner Zigarette.

„Runter auf den Boden!"

Ich reagierte nicht.

„Sofort!", schrie er.

Selbst Ratte zuckte zusammen, sagte aber weiterhin nichts.

„Bei drei bist du unten", flüsterte Meerschweinchen.

Für ihn war es ein Machtkampf. Ich merkte, wie ich zu zittern begann. Langsam ging ich in die Hocke.

„So ist es brav", sagte Meerschweinchen. „Ganz runter."

Die groben Sandkörner auf dem rohen Betonboden drückten sich in meine Knie.

„Mund auf, Arschloch!"

Ich öffnete meinen Mund. Der Gestank des Biers vermischte sich mit dem staubigen Geruch des Betons. Meine Zunge berührte den Boden. Ich begann zu lecken.

„Gut so", sagte Meerschweinchen. „Streck sie ganz weit raus."

„Mann, ist das abgefahren", sagte Hamster.

Dieser Idiot. Er verstand es nicht. Natürlich nicht. Genauso wenig wie die anderen beiden. Ich leckte weiter. Der raue Boden riss meine Zunge auf. Blut, das sich mit dem Bier und dem Staub vermischte.

„Und jetzt meine Schuhe", sagte Meerschweinchen und stellte sich mir in den Weg.

Ich zögerte. Aber machte es wirklich einen Unterschied? Ihr werdet mich nicht besiegen, dachte ich und begann, das Leder abzulecken. Meine Zunge brannte. Ich fühlte mich *merkwürdig frei, wie berauscht. Aus den Augenwinkeln sah ich, wie Ratte sich von der Matratze erhob.*

„Das reicht jetzt", sagte er.

„Wieso denn?", fragte Hamster. „Wir haben doch gerade erst angefangen."

„Es macht ihm Spaß", sagte Meerschweinchen. „Oder nicht, Arschloch, es macht dir doch Spaß?"

„Siehst du nicht, dass er blutet?", sagte Ratte und zog mich hoch.

„Wo denn?", fragte Meerschweinchen.

„Da im Gesicht", sagte Ratte und wandte sich angewidert ab.

„Zeig doch mal", sagte Meerschweinchen.

Ich drehte mich zu ihm um, schaute ihm direkt in die Augen. Ich öffnete meinen Mund.

„Weiter", sagte Meerschweinchen. „Ich sehe ja gar nichts."

Ich streckte ihm meine blutende Zunge entgegen. Er griff danach, klemmte sie zwischen Daumen und Zeigefinger ein. „Ist doch nichts", sagte er und zog mich zu sich heran. „Oder tut das weh?"

Nicht schreien, dachte ich, nur nicht schreien!

„Und das hier?", fragte er und drückte seine brennende Zigarette auf meiner Zunge aus. Es gab ein zischendes Geräusch. Es roch nach verbranntem Fleisch.

„Oh Mann!", sagte Hamster erschrocken.

„Bist du verrückt!?", schrie Ratte.

Alles war Schmerz. Mein Kopf explodierte. Aber ich schrie nicht. Den Gefallen tat ich ihnen nicht. Dann verlor ich das Bewusstsein ...

Er hält inne. Er hat die markierte Stelle erreicht. „Überprüfen!", steht da neben dem Ausrufezeichen. Ihre Handschrift ist rund, sehr weiblich. Jetzt weiß er, was sie herausgefunden hat.

„Du hast es also gelesen", hört er ihre Stimme. Er fährt

herum. Die Kommissarin lehnt in der geöffneten Tür zum Nachbarbüro, eine Akte in der Hand. Sie trägt eine Jeans und einen Rollkragenpullover. Sie sieht toll aus. Hinter ihr sieht er Heikos verängstigtes Gesicht. Und das von Tobias. Für eine Sekunde treffen sich ihre Blicke. Dann schließt die Kommissarin die Tür.

Sie geht rüber zur Kaffeemaschine, gießt sich eine Tasse Kaffee ein. „Du willst keinen, nehme ich an."

Sie kommt zum Schreibtisch. Die Dämpfung ihres Bürostuhles quietscht, als sie sich setzt.

„Vielleicht wärt ihr damit durchgekommen", sagt sie und schüttet Süßstoff in ihren Kaffee. „Wenn da nicht dieses Tagebuch gewesen wäre."

Sie nimmt das Buch hoch, betrachtet es.

„Was meinst du", fragt sie, „warum hat der Täter es auf den Bauch des Toten gelegt?"

„Woher soll ich das wissen?"

„Ich habe lange darüber nachgedacht", sagt sie. „Es gibt nur eine logische Erklärung: Er wollte, dass wir es finden." Sie macht eine Pause, mustert ihn. „Nur: Warum wollte er das? Das war die entscheidende Frage, von Anfang an."

„Und? Haben Sie eine Antwort darauf gefunden?"

„Ich denke schon", sagt sie. „Er will, dass es endlich vorbei ist."

„Glauben Sie das wirklich?"

„Ja", sagt sie. „Das tue ich."

„Haben Sie mich deswegen herbestellt? Um mir das zu sagen?"

Statt einer Antwort schiebt sie ihm die Akte rüber. Ihr Blick hat jetzt fast etwas Melancholisches.

„Weißt du, was das ist?", fragt sie.

„Nein."

„Der Obduktionsbericht."

melancholisch
schwermütig, traurig

„Und was hat der mit Ihrer Theorie zu tun?"

„Alles", sagt sie.

„Ich verstehe nicht", sagt er.

„Du hast die Stelle in dem Buch doch gelesen. Wo sie ihm eine Zigarette auf der Zunge ausdrücken." ₅

„Na und?"

„Irgendwie bin ich daran hängen geblieben", sagt sie. „Immer wieder. Bis es mir endlich klar wurde."

„Was?", fragt er. Es klingt ungehalten.

„Eine Narbe", sagt sie. „So eine brennende Zigarette ₁₀ hinterlässt doch eine Narbe."

„Und wenn schon", sagt er.

„In dem Bericht steht nichts von einer Narbe", sagt sie und deutet auf die Akte. „Weil auf der Zunge des Toten keine war." ₁₅

„Und das heißt?", fragt er heiser.

„Einer von euch hat eine Narbe auf der Zunge", sagt sie. „Heiko und Tobias sind es nicht. Also frage ich dich."

Er lässt seine Zunge über den Gaumen streichen. Er kann die Stelle deutlich spüren. Sein Kainsmal. Wenn er ₂₀ etwas Heißes trinkt oder isst, brennt es.

„Dieses Tagebuch stammt nicht von Felix", sagt sie. „Ich habe es seinen Eltern gezeigt. Sie hätten seine Schrift erkennen müssen."

Er spürt seine Zunge trocken werden. ₂₅

„*Du* hast es geschrieben", sagt die Kommissarin. „Es war nicht Felix, der gequält wurde, sie haben *dich* gequält."

Er rührt sich nicht. Schaut sie einfach nur an.

„Solange es keine Beweise gab, haben Tobias und Heiko dichtgehalten", fährt sie fort. „Aus Angst, wegen ihrer ₃₀ Quälereien belangt zu werden."

Er wartet auf das Gefühl der Erleichterung. Aber das stellt sich nicht ein. Stattdessen nur Leere. Tiefe Leere.

Kainsmal
Zeichen, mit dem der Bruder-mörder Kain von Gott gezeichnet wurde (Bibel, Altes Testa-ment)

„Aber das erklärt noch nicht, wie Felix zu Tode gekommen ist", sagt sie. „Irgendetwas ist da unten im Keller passiert. Etwas, das dazu geführt hat, dass du die Nerven verloren hast."

„Ja", hört er sich wie ein Echo sagen. „Irgendetwas ist passiert ..."

26

„Waren Sie schon mal verliebt?", fragt er.

„Ja", sagt sie. „Natürlich."

„So richtig?", fragt er. „So, dass Sie gedacht haben, Ihr ganzes Leben hängt davon ab?"

„Warum fragst du mich das?"

Sein Blick verdüstert sich. „Dann kennen Sie den Schmerz."

„Ja", sagt sie, „den kenne ich."

Er versinkt in einem Nebel aus Gefühlen und Gedanken. Dann fängt er an zu erzählen. Von seinem Leben, von seinen Eltern, vom Umzug in die neue Stadt. Von seiner Einsamkeit und dem Gefühl, keine Luft mehr zu bekommen vor lauter Alleinsein. Schließlich davon, wie er Melina zum ersten Mal gesehen hat vor dem Geschäft ihres Vaters.

„Ich war erschrocken über das Gefühl. Es war so stark, dass es wehtat. Es brannte in mir. Auch jetzt noch. Die ganze Zeit. Es ist immer da."

„Und sie?", fragt die Kommissarin. „Hat sie das auch gefühlt?"

Ihre Frage ist wie ein Messerstich. Er kann die Klinge in seiner Brust spüren. Er antwortet nicht.

„Sie hat dich verlassen", sagt die Kommissarin.

„Ja", sagt er leise. „Einfach so."

Er möchte weg, aber er kann nicht.

„Und die anderen?", fragt die Kommissarin. „Haben die gewusst, dass du und Melina ...?"

„Glücklichsein kann man nicht verstecken", sagt Marc.

„Wie haben sie reagiert?"

„Sie haben gedroht. Entweder die oder wir, haben sie gesagt."

„Du solltest dich entscheiden."

„Ja", sagt er.

„Aber dazu kam es nicht", sagt die Kommissarin.

„Nein."

„Weil Melina sich von dir getrennt hat."

„Ja."

„Also bist du bei ihnen geblieben. Ohne dich zu entscheiden."

„Ja."

„Weil du sonst niemanden hattest."

„Ja."

Sie schweigt.

„Manchmal hat man keine Wahl", sagt sie schließlich.

„Ja", sagt er. „Manchmal hat man keine Wahl."

Es ist dunkel geworden. Der Wagen holpert über den Feldweg. Das Licht der Scheinwerfer tanzt über den feuchten Boden. Vor ihnen taucht der Rohbau auf.

Sie stoppt den Wagen, schaltet den Motor aus.

„Können wir?", fragt sie.

„Ja", sagt er und öffnet die Beifahrertür. Kälte schlägt ihm entgegen. Das Einzige, was er fühlt, ist Gleichgültigkeit.

Es ist anders als beim ersten Mal. Fast schon vertraut. Er wehrt sich nicht mehr. Wogegen auch? Er ist Beobachter und Teilnehmer gleichzeitig. Ganz nah und ganz weit weg.

Sie schaltet ihre Taschenlampe ein. Sie betreten zusammen die Baustelle. Ihre Schritte auf dem rauen Boden. Der Hall verliert sich zwischen den Betonsäulen. Sie gehen die feuchten Stufen hinunter in den Keller. Er streicht mit den Fingern über die Wände. Noch immer kein Gefühl. Dann stehen sie vor der Metalltür, betreten den Raum dahinter.

„Machen Sie sie zu", sagt er.

„Warum?", fragt sie.

„Bitte!", sagt er.

Sie gibt der Tür einen Stoß.

„Und das Licht aus."

Sie schaltet die Lampe aus. Er wartet einen Moment, bis Dunkelheit und Stille sie vollkommen eingehüllt haben.

„Jetzt wissen Sie, wie es ist", sagt er leise.

Dann wieder Schweigen.

„Es hat geregnet an dem Tag", sagt er. „Ich bin mit dem Fahrrad gekommen. Ich habe es oben abgestellt, so wie immer ... Heiko und Tobias sind schon da. Sie haben Kerzen angezündet. Eine Menge Kerzen. Ich friere. Regenwasser ist mir in den Kragen gelaufen. Also ziehe ich meine Jacke aus. Sie beobachten mich schweigend.

‚Wo ist Felix?', frage ich. Irgendwas liegt in der Luft, das spüre ich.

‚Sei nicht so ungeduldig', sagt Heiko.

‚Der kommt schon noch', sagt Tobias.

‚Was ist denn los?', frage ich.

‚Überraschung', sagt Tobias.

‚Ganz was Feines', sagt Heiko. Mit den Füßen scharrt er Muster in den Sand auf dem Boden.

‚Kalt da draußen', sage ich und reibe meine klammen Hände aneinander. Sie reagieren nicht auf meine Bemerkung. Dabei ist ihnen genauso kalt wie mir, das kann ich ihnen ansehen.

Heiko zündet sich eine Zigarette an. Er blickt mich an. Er weiß genau, woran ich denke. Ich fahre mir mit der Zunge über den Gaumen. Die Narbe ist noch da. Heiko grinst.

‚Es wird dir gefallen', sagt er genüsslich.

‚Ach ja?', sage ich.

‚Ja‘, sagt er, ‚ganz sicher.‘

Er wirft Tobias einen Blick zu.

‚Feuerzeug‘, sagt der und greift sich eine Bierflasche aus dem Kasten in der Ecke. Heiko wirft ihm sein Feuerzeug zu. Tobias öffnet die Flasche und trinkt.

‚Mir auch eine‘, sagt Heiko. Tobias wirft ihm eine Flasche zu. Dann das Feuerzeug.

‚Wenn er nicht bald kommt, bin ich weg‘, sage ich.

‚Nichts bist du‘, sagt Heiko und lässt den Kronkorken von der Flasche knallen.

‚Willst du mich daran hindern?‘, frage ich.

‚An deiner Stelle würde ich es nicht drauf ankommen lassen‘, sagt er.

‚Jetzt versau ihm doch nicht die Stimmung‘, sagt Tobias und wendet sich mir zu. ‚Nur noch ein paar Minuten.‘

Tatsächlich höre ich jetzt Schritte. Dann öffnet sich die Tür.

‚Hallo, Jungs‘, sagt Felix. Und zu mir: ‚Da bist du ja.‘ Er lächelt. ‚Ich hab dir was mitgebracht.‘

Ich sage nichts.

‚Willst du es nicht sehen?‘, fragt er.

‚Na klar will er's sehen‘, sagt Heiko. ‚Er ist schon ganz heiß drauf.‘

Tobias kickt seine leer getrunkene Bierflasche in die Ecke und rülpst.

‚Wenn das so ist‘, sagt Felix und dreht sich zur Tür um. ‚Kannst kommen‘, ruft er in den dunklen Flur.

Wieder höre ich Schritte. Unsichere, zögernde Schritte. Plötzlich bekomme ich Angst. Ich will nicht wissen, wer da gleich reinkommt, ich will nur noch weg. Ich dränge an Tobias und Heiko vorbei, aber die beiden stoßen mich zurück. Ich lande auf der Matratze. Ich versuche, wieder hochzukommen, aber meine Beine gehorchen mir nicht. Dann sehe ich sie. Sie steht in der Tür. Sie sagt kein Wort.

Ich starre sie an, unfähig etwas zu sagen. Ich habe das Gefühl zu explodieren. Stumm schreie ich ihren Namen. Er bricht sich in meinem Kopf wie ein Echo. Melina.

‚Ihr kennt euch ja‘, sagt Felix. Er lächelt noch immer.

Ich habe ihnen eine Menge zugetraut, aber das hier ist schlimmer. Viel schlimmer. Felix weiß das, sonst würde er nicht lächeln.

‚Du hast mit ihr gelabert‘, sagt Heiko. ‚Oben am Kanal. Und wir haben sie hier unten gefickt.‘

Ich starre Melina an. Sie sagt noch immer kein Wort. Ihr Blick ist vollkommen leer. Als wäre sie ferngesteuert. Felix geht um sie rum, eine Hand immer auf ihrer Schulter. Er bleibt hinter ihr stehen. Seine Hände fahren über ihre Brust und weiter runter, bis zum Saum ihrer Jacke. Er beginnt die Jacke aufzuknöpfen. Er lässt sich viel Zeit. Er weiß, was er tun muss, um mich zu quälen. Wir haben es ja gemeinsam geübt. Nachdem er den letzten Knopf geöffnet hat, zieht er ihr die Jacke aus. Sie wehrt sich nicht. Sie trägt einen eng anliegenden gemusterten Pullover.

‚Gefällt dir, was du siehst?‘, fragt Felix.

Ich antworte nicht.

Er zieht ihren Pullover hoch. Ihr Bauchnabel wird sichtbar über dem Bund ihrer Jeans, dann der Ansatz ihrer Rippen, schließlich ihr BH. Wie weiß ihre Haut ist.

‚Und jetzt?‘, fragt Felix. ‚Besser?‘

Ich bleibe stumm.

‚Na dann‘, sagt Felix und macht sich am Verschluss ihres BHs zu schaffen. Melina lässt es geschehen.

Mein Schädel dröhnt. Ich spüre meine Hände feucht werden. Trotz der Kälte. Ich begreife das nicht. Was haben sie mit ihr gemacht, dass sie sich nicht wehrt? Warum wundert dich das so?, schießt es mir durch den Kopf. Du hast dich doch auch nicht gewehrt.

Felix hat den Verschluss geöffnet. Er legt seine rechte Hand und den Arm quer über ihre Brüste. Mit der Linken zieht er den Stoff darunter weg.

‚Mach schon', sagt Heiko. ‚Den Rest auch.'

Ich schaue zu ihm rüber. Er hat seine Hose geöffnet. Seine Hand ist darin verschwunden. Er reibt sich seinen Ständer. Dabei starrt er auf Melina. Genau wie Tobias.

‚Ihre Nippel sind schon ganz hart', sagt Felix. Langsam lässt er seine Hand und den Arm sinken. Melinas Brustwarzen werden sichtbar.

‚Na, was sagst du?', fragt Felix mich.

Ich will schreien und kann es nicht. Ich schaue mir in meiner eigenen Reglosigkeit zu. Ich bin wie aus Stein.

‚Jetzt pass mal auf', sagt Felix. Melinas Brüste liegen auf seinem Arm. Er lässt sie tanzen.

Mein Mund ist wie aus Staub, meine Zunge ein Klumpen Lehm.

‚Willst du auch mal?', fragt Felix. ‚Komm schon, sie fühlen sich toll an. Ganz weich.'

Mit meinen Augen suche ich Melinas Augen. Ihr Blick geht durch mich hindurch, als wäre ich nicht vorhanden. Warum lässt sie das mit sich machen?

‚Sie nimmt ihn dir auch in den Mund, wenn du willst', sagt Tobias. Heiko stöhnt. ‚Sie ist vielleicht nicht die Beste darin, aber sie tut es, immerhin.'

‚Jetzt verschreck ihn nicht', sagt Felix.

‚Wieso?', sagt Tobias. ‚Stimmt doch, was ich sage.'

‚Zeig mir den Rest', sagt Heiko gepresst. ‚Ich will alles sehen.'

‚Ja', sagt Tobias, ‚und er bestimmt auch. Ich wette, der hat noch nie 'ne nackte Muschi gesehen.'

‚Na gut', sagt Felix, ‚wenn ihr mich so drängt.'

Er knöpft Melinas Hose auf, zieht den Reißverschluss herunter. Dann hält er inne.

‚Jetzt mach's nicht so spannend', stöhnt Heiko. ‚Ich kann's nicht mehr lange zurückhalten.'

Felix greift in den Bund ihrer Jeans, zieht sie langsam herunter. Melina schließt die Augen. Ich starre auf ihren weißen Baumwollslip.

‚Lass das', sage ich heiser. ‚Hör auf!'

‚Tut mir leid', erwidert er, ‚aber das kann ich den Jungs nicht antun.'

Er zieht die Jeans bis zu ihren Knien runter. Dann greift er in den Bund ihres Slips.

‚Mach schon', fordert Heiko. ‚Na los!'

Felix schaut mich an. Dann reißt er ihr den Slip mit einem Ruck herunter. Die Haut an ihren Hüften zittert leicht. Ich starre auf das schwarze Dreieck zwischen ihren Beinen. Felix schaut mich weiter an. Nicht eine Sekunde löst er seine Augen von mir. Wie aus dem Nichts greift er Melina zwischen die Beine, mitten hinein in das Schwarz ihrer Scham. Sie zuckt zusammen, die Augen weiter geschlossen.

‚Ist sie feucht?', fragt Tobias geifernd. ‚Sag schon!'

‚Nicht feucht', sagt Felix kalt. ‚Nass!'

‚Ja', stöhnt Heiko, ‚jaaah ...!'

Das ist wie ein Signal. Ich schnelle vor, stürze mich auf Felix. Er ist völlig überrascht. Ich packe ihn an den Ohren, ziehe ihm an den Haaren. Er schreit vor Schmerz auf, weicht zurück, will sich von mir losreißen. Aber ich gebe nicht nach. Ich würge seinen Hals. Wir stolpern beide auf die Wand zu. Ich will nur noch eins: ihn zerfetzen, ihn auslöschen. Ihm wenigstens die Nase abbeißen oder ein Stück aus den Lippen reißen. Aber es kommt nicht dazu.

Weil er mit dem Kopf gegen die Wand schlägt und von dort
wie ein Ball zurückprallt, mir entgegen. Seine Stirn knallt
auf meinen Nasenrücken, ich stoße ihn zurück. Er landet
neben der Matratze auf dem Rücken. Ich sehe, wie er mich
anstarrt, sehe die Wut in seinen Augen. Dann schlägt er
mit dem Hinterkopf auf dem Boden auf und es gibt dieses
merkwürdige Knacken. Dann ist Ruhe ...“

Er schweigt. Sein Atem geht heftig.

Einen Moment lang stehen er und die Kommissarin
weiter im lichtlosen Dunkel in dieser bleiernen Stille, die
nur durchbrochen wird von seinem Schnaufen.

„Sie können die Taschenlampe jetzt wieder anmachen“,
sagt er, nachdem sein Atem sich beruhigt hat.

Die Kommissarin schaltet die Lampe an. Sie leuchtet
ihn an, als wolle sie sich über irgendetwas vergewissern.
Dann dreht sie sich um und verlässt den Raum.

Schweigend durchqueren sie den langen Kellergang,
gehen die Treppen hinauf. Oben, in der Kälte der Nacht,
bleibt sie stehen, dreht sich langsam zu ihm um.

„Ich weiß nicht, ob man dich dafür verurteilen wird“,
sagt sie. „Ich schätze, der Richter wird es wie Notwehr oder
einen Unfall bewerten.“

„Vielleicht wird er das“, sagt er. „Aber für mich war es
kein Unfall. Ich wollte ihn töten!“

27

„Ich hol dich dann morgen früh ab", sagt die Kommissarin.

„Ist gut", sagt er.

„Ich kann mich doch auf dich verlassen?"

„Ich werde nicht abhauen."

Welche Farbe hat die Angst?

Er steigt aus, beugt sich noch einmal zurück in den Wagen.

„Danke", sagt er.

„Wofür?", fragt sie.

Ihre blonden Locken, das Rot ihres Lippenstifts.

Angst hat keine Farbe.

„Bis morgen", sagt er und schlägt die Tür zu. Er schaut ihr nach, wie sie zurücksetzt und durch die Siedlung davonfährt. Als habe ihr Wagen Flügel.

Er blickt hinauf in den sternlosen Himmel. Da ist nichts, denkt er, nichts weiter als ein unendliches Nichts. Er klaubt den Haustürschlüssel aus seiner Jacke. Und wenn ich mich irre? Vielleicht stimmt das ja doch mit dem Plan, der größer ist als wir.

Er schließt die Haustür auf, hängt seine Jacke an die Garderobe, stellt seine Schuhe darunter.

Seine Mutter sitzt in der Küche, blättert in einer Frauenzeitschrift.

„Warum kommst du so spät?", fragt sie. „Wo warst du?"

„Ich musste was Wichtiges klären", sagt er.

„Du hättest anrufen können."

„Ja, das hätte ich wohl."

„Ich muss doch wissen, wo du bist", sagt sie.

Er nimmt ihre Hand. „Es wird nicht wieder vorkommen, das verspreche ich dir."

„Möchtest du was essen?", fragt sie. „Ich hab noch Ro-
senkohl und Kartoffeln von heute Mittag. Und eine Brat-
wurst."

„Ist lieb von dir", sagt er. „Aber ich hab keinen Hunger."

Sie schaut ihn an. Mit diesen Augen, vor denen er sich
nicht verstecken kann. „Was ist denn mit dir, Junge?"

„Was soll denn sein?"

„Du bist so anders."

Sie streicht ihm das Haar aus der Stirn, so wie sie es früher getan hat, wenn er im Bett lag und nicht einschlafen
konnte.

„Ich werde weggehen, Mama."

Die Entschiedenheit in seiner Stimme erschreckt sie
beide.

„Was meinst du damit: weggehen?", fragt sie.

„Ich werde hier nicht wohnen bleiben", sagt er.

„Aber wie kannst du ... Was redest du denn da?" Ihre
Hände krampfen sich um den Rand der Tischplatte.
„Wohin willst du denn ... Und wir? Das wird Papa niemals
erlauben."

„Doch", sagt er. „Das wird er. Ganz bestimmt."

Er reißt sich von ihr los. Es fällt ihm nicht leicht. Langsam geht er die Treppe hinauf.

„Gute Nacht, Mama", sagt er leise. „Schlaf gut ..."

Materialien

Interview mit dem Autor Christoph Wortberg

Christoph Wortberg wurde 1963 in Köln geboren. Er studierte Germanistik, Philosophie und Geschichte. Nach einer Ausbildung zum Schauspieler und einem Gaststudium an der Hochschule für Fernsehen und Film in München arbeitete er als Regieassistent und übernahm verschiedene Rollen bei Theater- und Fernsehproduktionen. Er schreibt Hörfunkfeatures sowie Drehbücher und lebt als freier Autor in Köln. Sein Roman „Die Farbe der Angst" wurde mit dem Hansjörg-Martin-Krimipreis ausgezeichnet.

Wie sind Sie zum Schreiben von Jugendbüchern gekommen?

Ich wollte immer schon Bücher schreiben. Als Jugendlicher habe ich meine Zeit hauptsächlich mit Lesen verbracht. Nach meinem Studium und einer Schauspielausbildung habe ich dann aber zunächst als Schauspieler gearbeitet, fürs Theater und später fürs Fernsehen. So kam ich zum Drehbuchschreiben. Dann erhielt ich über meinen Agenten die Anfrage, für den Thienemann Verlag einen Jugendkriminalroman zu schreiben. So entstand „Novembernacht", mein erster Roman.

Nach welcher Methode schreiben Sie ein Buch? Brainstorming, einen Handlungsrahmen setzen und diesen füllen – oder entsteht der Handlungsstrang beim Schreiben?

Am Anfang steht ein Satz, ein Bild, ein Thema; ich lese einen Zeitungsartikel, jemand erzählt mir etwas, ich erlebe Menschen auf der Straße. Daraus entwickelt sich die Idee zu einer Geschichte. Eine Figur, die mich reizt, ein Plot, den ich spannend finde, ein Konflikt, der mich berührt. Das schreibe ich auf. Dieses Aufschreiben ist wichtig, weil sich darin für mich beweist, ob die Idee tragfähig ist. Dann fange ich an, aus dieser Skizze einen Plot zu entwickeln, Figurenbögen zu zeichnen.

Plot
Handlung

Das Wichtigste ist für mich immer das Ende einer Geschichte. Wenn ich das gefunden habe, kann ich sagen, ob die Handlung wirklich funktioniert, ob sie spannend ist und überraschend, ob sie standhält. Aus dem Plot mache ich ein Exposé von vier, fünf Seiten. Darin steht alles, was für mich die Geschichte lesenswert macht: Figuren, Konflikte, Grundzüge einer bestimmten Atmosphäre. Ich muss eine Farbe spüren, eine gewisse Form von Musikalität. Ich muss das Gefühl haben, dass die Figuren und das, was sie erleben, mich berühren. Weil ich davon ausgehe, das etwas, das mich berührt, auch andere berühren kann.

Dieses Exposé ist meine Basis, mein innerer Fahrplan, das, was mich beim Schreiben trägt, das, worauf ich mich verlassen kann. Denn beim eigentlichen Schreiben „vergesse" ich das Exposé, ich lege es beiseite und schaue in der Regel nicht mehr hinein. Ich vertraue dann einfach der Entwicklung der Figuren und der Handlung – weil ich weiß, dass ich jederzeit zu meinem Exposé zurückkehren kann, wenn ich nicht weiterkomme.

Wie lange schreiben Sie ungefähr an einem Buch wie „Die Farbe der Angst"?

An dem Buch „Die Farbe der Angst" habe ich drei Monate geschrieben.

*Wie sind Sie auf die Idee zum Buch „Die Farbe der Angst"
gekommen?*

Ich weiß es ehrlich gesagt nicht mehr genau. Ich wusste
nur, dass ich etwas über einen Jungen schreiben wollte, der
durch einen Ortswechsel (im Buch der Umzug nach Wolfsburg) in eine neue Umgebung geworfen ist und darin
zurechtkommen muss. Ich wusste, der Junge sollte sich
isoliert fühlen. Ich wollte herausfinden, wie weit jemand
geht, um Anerkennung zu finden. Ich wollte mich mit dem
Problem von Einsamkeit auseinandersetzen.   10

„Die Farbe der Angst" war für mich der erste Roman,
bei dem sich der Plot aus dem Thema entwickelt hat. Es gab
für mich gewissermaßen erst eine Grundfarbe, aus der sich
alles Weitere ergeben hat: dieser eigene Ton, diese Form,
diese bestimmte Musikalität, die ich vorhin erwähnt habe. 15

*Was war beim Schreiben für Sie als Autor die größte He-
rausforderung?*

Das war sicher die Frage nach der Erzählsprache des
Buches, die der Erzählperspektive (der des Helden) entsprechen musste und gleichzeitig die Trostlosigkeit des Ortes 20
(Wolfsburg) widerspiegeln sollte. Gleichzeitig gab es das
Tagebuch, dessen Sprache natürlich eine andere sein musste. Ich habe sehr viel mit der Sprache, dem Ton, der Atmosphäre der Geschichte herumexperimentiert. Dabei stellte
sich heraus, dass nur eine zurückgenommene, reduzierte 25
Sprache dem entsprechen konnte, was ich erzählen wollte.

*Welchen Einfluss hatten Ihre persönlichen Erfahrungen
beim Schreiben?*

Ich denke nicht beim Schreiben. Ich denke vorher, ich
denke zwischendurch. Das Schreiben selbst passiert ein- 30
fach. Dass sich dabei persönliche Erfahrungen einschlei-

chen, ist weder gewollt, noch will ich es verhindern. Es geschieht eben. Für mich unterstützen die eingeflossenen persönlichen Erfahrungen die Aufrichtigkeit eines Textes. Und darum geht es vor allem: um Aufrichtigkeit. Natürlich bin ich manchmal erstaunt, wenn ich einen von mir geschriebenen Text lese und mich darin wiederfinde (was mir bei der Lektüre von fremden Texten auch passiert). Ich wünsche mir, dass auch die Leser sich selbst ein Stück weit in meinen Texten wiederfinden können. Auf ihre eigene Weise, jeder für sich. Insofern stelle ich meine persönlichen Erfahrungen zur Verfügung.

Ich verstehe meine Romane als Angebote. Was die Leser damit machen, habe ich nicht in der Hand. Wenn sie berührt sind, wenn sie Fragen stellen, wenn sie sich selbst in eine Beziehung zum Text stellen (und sei es auch eine ablehnende), dann habe ich das erreicht, was mir wichtig ist.

In „Die Farbe der Angst" greifen Sie bedrückende Konflikte auf: Marcs Wunsch nach Überwindung der Einsamkeit und der Zugehörigkeit zu einer Clique und seine familiären Belastungen ... Sind Marc und die Clique für Sie durchschnittliche Jugendliche?

Was ist durchschnittlich? Ich finde das Wort „durchschnittlich" schrecklich. Jeder setzt sich anders mit der Welt auseinander, jeder macht andere Erfahrungen, jeder hat einen ganz speziellen Background. Jeder von uns macht auch belastende Erfahrungen in seiner Kindheit oder Jugend – sei es mit den Eltern, in der Schule, in der Ausbildung usw. Die meisten Menschen schleppen diese Erfahrungen ihr ganzes Leben lang mit sich herum. Es ist nicht leicht, sich davon zu lösen.

Ich habe ein gewisses Problem mit dem Begriff Jugendbuch. Ich weiß nicht genau, was das sein soll. Eben weil die

Konflikte und Probleme, die Jugendliche betreffen, auch

für Erwachsene Relevanz besitzen, weil sie nachwirken und weil etwa die Frage nach der eigenen Identität einen Menschen sein ganzes Leben lang begleitet.

Ich glaube, Jugendliche werden in der Regel unter- schätzt. Man sollte Jugendliche nicht schonen, sie nicht von Themen ausklammern – vor allem sollte man sie wesentlich ernster nehmen. Diejenigen, die festlegen, was gute Jugend- literatur ist, sind nicht die Jugendlichen selbst. So ist etwa das Problem der Gewalt unter Jugendlichen wesentlich wei- 10 ter verbreitet, als Erwachsene glauben. Muss man als Autor sich nicht gerade deswegen damit auseinandersetzen? Ein „Jugendroman" (ich mag den Begriff überhaupt nicht), der Probleme ausklammert oder schönt, der den pädagogischen (oder moralischen) Zeigefinger erhebt, hat für mich sein 15 Ziel verfehlt. Ich ärgere mich über solche Bücher.

Das Buch lässt am Ende einige Fragen offen, z. B.: Was ist genau zwischen Melina und den Jungen passiert? Warum wehrt sie sich nicht? Wie geht es mit Marc weiter? – Gibt es Antworten auf diese Fragen? 20

Ich glaube, ein gutes Buch liefert keine Antworten. Es schafft vielmehr Raum für den Leser, den er selbst füllen muss. Für mich geht es darum, Fragen aufzuwerfen; zu beschreiben, wie Menschen miteinander umgehen, wie sie sich gegenseitig verletzen, wie sie, von Irrtümern ge- 25 trieben, in Fallen laufen und versuchen, sich daraus zu befreien. Wenn sich ein Leser darin selbst ein Stück weit wiedererkennt, wird er vielleicht versuchen, sich mit den ihn betreffenden Fragen auseinanderzusetzen und selbst Antworten zu finden. 30

Was Melina im Roman betrifft: Vielleicht treibt sie der- selbe Wunsch nach Anerkennung an wie Marc. Vielleicht

verhält sie sich nur anders zu ihrer Sehnsucht als er. Das ist
natürlich keine Erklärung, nur eine Möglichkeit.

Sie haben für „Die Farbe der Angst" den Hansjörg-Martin-Krimipreis erhalten. Ist es bisher Ihr erfolgreichstes Buch? Vielleicht sogar Ihr Lieblingsbuch?
   Ich halte es für mein bisher bestes Buch. Auf jeden Fall
mein kompromisslosestes. Der Roman war ursprünglich
fast doppelt so lang. Dann habe ich angefangen, alles Überflüssige rauszustreichen. „Die Farbe der Angst" ist kein
Roman, der sich anbiedert, der gefallen will. Ich glaube, das
spüren die Leser und das mögen sie. Dass ich für den Roman
einen Preis bekommen habe, freut mich natürlich sehr.

   Was mein Lieblingsbuch betrifft: Das ist ein anderes,
natürlich auch ein Jugendbuch, das keines ist: „Oliver
Twist" von Charles Dickens.

ARBEITSANREGUNGEN

- Schildere, wie Christoph Wortberg sich auf das Schreiben eines Buches vorbereitet und wie sein Schreibprozess verläuft.
- Welche Merkmale sollten gute Bücher nach Meinung des Autors erfüllen? Was möchte er bei seinen Lesern erreichen?
- Christoph Wortberg findet den Begriff „Jugendbuch" problematisch. Wie begründet er seine Ansicht?
- Der Autor sagt über Melina: „Vielleicht treibt sie derselbe Wunsch nach Anerkennung an wie Marc. Vielleicht verhält sie sich nur anders zu ihrer Sehnsucht als er." Erläutere diese Aussage mit eigenen Worten. Welche Erklärungen findest *du* für Melinas Verhalten?

Christoph Wortberg/Manfred Theisen

Kein Fluchtweg mehr

Sie hatten ihm ein paar Straßen hinter der Schule auf-
gelauert. Das Grundstück lag schon lange brach. Eine zuge-
schneite Baugrube. Verschalungsbretter, Paletten im Schnee. 5
Rechts und links die mumienbraunen Ziegelwände der an-
grenzenden Häuser. Sie drängten ihn gegen eine Wand und
bauten sich im Halbkreis um ihn auf. Kein Fluchtweg mehr.

„Alles klar?", sagte Tom zu den beiden anderen.

„Klar", antworteten Jakob und Leo wie aus einem 10
Mund. Tom grinste. Blonde, kurz geschnittene Haare. Ath-
letischer Körper. Die Augen wach und böse.

„Sicher, Jungs?"

„Ganz sicher."

Es war ein Ritual. Sie stimmten sich ein auf den Tanz, 15
den sie gleich veranstalten würden.

„Warum bist du so hässlich, Phil?"

„Ich ..."

„Was sagst du? Ich kann dich nicht verstehen. Könnt
ihr ihn verstehen, Jungs?" 20

Kopfschütteln.

„Also, Phil. Warum redest du nicht ein bisschen lauter?"

„Ich ..."

„Lauter!", zischte Tom und schob dabei den Unterkie- 25
fer nach vorn. „Oder hast du etwa Schiss? Wir tun dir doch
gar nichts. Oder, Jungs?"

Wieder schüttelten sie die Köpfe.

„Da hast du 's, Phil. Wir wollen nur plaudern."

„Hört auf, bitte." 30

„Wir haben doch noch gar nicht angefangen."

Tom zog einen Taschenspiegel aus dem Parka, klappte

ihn auf, hielt ihn Phil vors Gesicht. „Ich will, dass du uns sagst, was du siehst."

„Mich."

„Mich", höhnte Tom. „Genau." Er drückte den Spiegel auf Phils Nase. „Und? Findest du schön, was du da siehst?"

Phils Gesicht. Blass wie eine Betonwand, Nase stupsig, Sommersprossen drauf.

„Du gibst also zu, dass du hässlich bist, Sprossenfresse?"

Die Sonne brannte in makellosen Senkrechten auf Phil herunter, obwohl es Januar war, obwohl seine Schuhe im Schnee versanken, obwohl der Himmel sonst immer so matschig grau war wie der zermatschte Schnee auf den Straßen. Ausgerechnet jetzt mussten sich die Wolken verziehen, damit die Sonne dieses Elend hier unten richtig ausleuchten konnte.

Phil hatte Tränen in den Augen.

„Du hast wirklich verdammtes Glück, dass wir da sind", sagte Tom und grinste rüber zu Jakob und Leo. „Streck deine Hand aus."

„Was?!"

„Ich will deine Hand sehen!"

Phil gehorchte. Seine Brust zog sich zusammen.

„Wir wollen dir nur helfen. Innenfläche nach oben. Na, siehst du, geht doch." Tom zog die Nase hoch, schob seinen Kiefer schmatzend hin und her, öffnete den Mund und ließ einen gelbschaumigen Speichelfaden auf Phils Handteller tropfen.

Phil war starr. Toms Gesicht, glatt und kalt wie Badezimmerkacheln. Kein Kontakt möglich. Kein Innenleben.

Auch die anderen beiden rotzten auf Phils Hand.

„Weißt du, was das ist?", fragte Tom. „Ein Zaubermittel gegen Sommersprossen. Und jetzt einreiben. Los!"

Phil reagierte nicht. Sein Brustmuskel hatte sich um
seine Lungen gelegt wie eine eiserne Schlinge. Immer
dieses verdammte Asthma. Aber wenn er jetzt seinen In-
halator herauszog, würden sie ihm den wegnehmen. Und
dann?

„Einreiben!", forderte Tom.

Phil schloss die Augen, verrieb sich den Rotz im Gesicht. Der Speichel auf seiner Wange. Keine Luft mehr. Als
würde er implodieren.

„Zwei von jedem", forderte Tom von seinen Kumpels.
„Ich hab 's euch doch gesagt, dass er 's tut. Der ist ein Schis-
ser ohne Rückgrat."

ARBEITSANREGUNGEN

- Charakterisiere die im Text vorkommenden Personen:
  Tom – Jakob und Leo – Phil.
- Welches Ritual begehen Tom, Jakob und Leo (S. 126,
  Z. 15)? Was für eine Funktion könnte dies haben?
- Was meinst du zum Verhalten von Tom bzw. Jakob und
  Leo? Schreibe deine Meinung jeweils in einigen Sätzen
  auf. Du kannst dabei auch Inhalte des Abschnitts „Die
  Täter" aus dem Text „Mobbing in der Schule" einbezie-
  hen (S. 137).
- Kannst du Phils Verhalten verstehen? Begründe.
  Lies dazu auch im Text „Mobbing in der Schule" den Ab-
  schnitt „Die Opfer" (S. 135 f.).
- Wie hätte Phil sich anders verhalten können und was
  hätte dies möglicherweise für Folgen gehabt? Tausch
  euch in der Klasse darüber aus.
- Marc ist in einer ähnlichen Situation wie Phil. Welche
  Übereinstimmungen kannst du erkennen?

ELISABETH ZÖLLER
Das war doch nur Spaß!

Der erste Angeklagte, Kevin Reckschulte, sitzt aufrecht
auf seinem Stuhl, die Hände hat er vor sich auf die Tischplatte gelegt. Sein Gesicht ist verschlossen, fast starr. Nur
an einigen Punkten der Verhandlung gehen seine Augen
hin und her, ist innere Bewegung erkennbar. Er wirkt unbeteiligt, als ginge ihn das alles nichts an. Vielleicht ist es
aber auch nur die Angst, eine Angst, die er nicht zugeben
will. Zu einem *Was soll's!* formt sich sein schweigender
Mund. Dann zieht er seine Schultern hoch. *Egal.* Er hat
dunkles, kurz geschnittenes, nach oben gebürstetes, ge-
geltes Haar, seine dichten dunklen Augenbrauen, die über
der Nasenwurzel fast zusammengewachsen sind, hat er
hochmütig hochgezogen. Doch bei genauer Beobachtung
lässt sich von Zeit zu Zeit, wenn er seine Hände kurz von
der Tischplatte erhebt, ein Zittern erkennen, das diese zur
Schau getragene Härte für Sekunden infrage stellt.

Der zweite Angeklagte, Matthias Mahlmann, trägt, anders als der erste Angeklagte, nicht das übliche schwarze
T-Shirt, sondern ein weißes, fast bis oben geschlossenes
Hemd. Im Gegensatz zu Kevin ist sein Gesicht von Emotio-
nen überschwemmt. An einigen Punkten des Prozesses rin-
nen ihm Tränen aus den Augen. Sein Mund verzieht sich
wie der eines Kindes. Die Kinnpartie formt sich zu einem
zitternden Rechteck, das mannhaft dem Weinen standhal-
ten will. So sitzt er, stützt, wenn es gar nicht mehr anders
geht, die Ellbogen auf, legt das Gesicht in seine Hände und
weint. Er schüttelt den Kopf, so als schüttle ihn die Unbe-
greiflichkeit seiner Tat oder als wolle er all das Geschehene
von sich abschütteln.

Der Platz des dritten Angeklagten ist leer, denn Raphael

Schindel ist nicht zum Gerichtstermin erschienen und wird
gerade auf richterliche Anweisung von zu Hause abgeholt.
Jeder der Angeklagten hat neben sich seinen Verteidiger,
sodass der Tisch auf der linken Seite viel Raum einnimmt.
Die Richter sitzen in der Mitte am großen, mächtigen Rich- ₅
tertisch, die Staatsanwaltschaft auf der rechten Seite. Der
Angeklagtentisch ist als einziger abgesperrt und bewacht.
Ein Angeklagter, Kevin, ist bereits seit sieben Wochen in
Untersuchungshaft. Raphael und Matthias sind bis zum
Anfang des Prozesses in Freiheit geblieben.   ₁₀

Die Zuschauerbänke sind fast gänzlich leer, dort sitzen nur Leute, die direkt mit dem Verfahren zu tun haben,
denn Publikum und Medien sind wegen des gesetzlichen
Opferschutzes bei Prozessen mit unter 16-jährigen Straf-
tätern nicht zugelassen. Und diese Täter sind 14 und 15, ₁₅
das Opfer 14.

Vor dem Gerichtssaal werden Schritte laut.

„Nein", sagt jemand, „Ich will meine Zigarette noch zu
Ende rauchen ... Hey, lassen Sie das gefälligst!"

Dann öffnet sich die Tür, und Raphael Schindel wird – ₂₀
ohne Zigarette – in den Saal und zu seinem Stuhl auf der
Anklagebank geführt.

Er trägt eine beige Baseballkappe und weite weiße Ber-
mudas.

Sein Verteidiger weist ihn an, die Kappe abzunehmen. ₂₅

Auch bei seiner Vernehmung präsentiert sich Raphael
Schindel überheblich, cool und uneinsichtig.

„Das war doch nur Spaß", sagt er. „Der war doch eh
immer allein."

„Hast du gemerkt, dass Niko Angst hatte?", fragt der ₃₀
Staatsanwalt.

„Das gehört doch dazu. Oder?"

„Hast du gemerkt, dass dein Klassenkamerad Angst hatte, ja oder nein?", hakt der Vorsitzende Richter nach.

„Klar, aber solche Typen, die fordern das heraus. Die wollen Prügel, kapiert das keiner?"

„Weißt du nicht, dass du einen anderen nicht einfach anfassen kannst, wenn der nicht will?"

„Schon, aber der war doch eh allein. Dann hatte er wenigstens mal 'n bisschen Gesellschaft", erwidert er mit einem Grinsen. „Na, ist ja auch egal." Und dann, lässig: „Kann ich jetzt gehen?"

„Hier treffen *wir* die Entscheidungen", sagt der Richter. „Wir entscheiden sogar, ob so etwas egal ist. Und das ist nicht egal. Verstanden?"

„Okay. Klar, ich hab mir vorgenommen, Ihnen immer recht zu geben." Raphael will hier offenbar als Einziger eine Shownummer abziehen. Er ist sich scheinbar keiner Schuld bewusst. Angeblich hat er nur *ein bisschen* mitgemacht.

„Gruppenzwang", begründet sein Verteidiger.

„Aber es hat nicht jeder mitgemacht", sagt der Staatsanwalt scharf. Er plädiert dafür, Raphael nun ebenfalls unter Arrest zu stellen.

„Der Niko ist doch ein totales Weichei, die volle Memme", sagt Raphael ungefragt. „Der hat das praktisch herausgefordert."

„War euch klar, dass Niko gegen euch drei keine Chance hatte und seine Angst begründet war?"

„So schlimm war das auch wieder nicht." Raphael grinst.

Zwischendurch schluchzt Matthias Mahlmann in seine Hände. Doch *Memme* sagt jetzt keiner mehr.

Nach einer kurzen Unterbrechung fahren die Richter mit der Befragung von Matthias Mahlmann fort.

„Hast du mitgemacht, wenn Kevin und Raphael Niko

fast täglich im Hinterzimmer eures Klassenraums getreten und geschlagen haben?"

Matthias nickt. „Aber auch wenn es keiner glaubt: Ich hatte große Schwierigkeiten damit."

„Feigling", zischt Kevin.

Matthias fasst Mut und sagt: „Wenn ich nicht mitgemacht hätte, wären sie auch auf mich losgegangen."

Kevin beginnt, durch Zwischenrufe die Aussage zu stören. Raphael, der lässig zurückgelehnt in seinem Stuhl hängt, lacht nur.

Die Richter verwarnen die beiden und drohen ihnen an, sie von der Verhandlung auszuschließen.

„Also, was jetzt? Erst werde ich von zu Hause abgeholt, dann soll ich wieder gehen ...", ruft Raphael.

Sein Verteidiger ermahnt ihn zur Zurückhaltung.

„Beginnen wir noch einmal", wendet sich der Vorsitzende Richter wieder an Matthias: „Ihr habt geschlagen, und du hattest einen Widerwillen dagegen."

„Ja. Aber ich habe mitgeschlagen", erwidert Matthias kleinlaut.

„Es war eben der Gruppenzwang", sagt sein Verteidiger.

Matthias überlegt: „Es war mehr. Es war die Angst, der Nächste zu sein. Meistens hätte ich mitheulen können."

„Warum hast du sie dann nicht angezeigt?"

„Weil sie mir gedroht haben. Und als ich ihnen wirklich mal gesagt habe, dass ich nicht mehr mitmache, haben sie mich auch verprügelt. Sie haben gesagt, sie brauchen eben so einen wie mich, weil das total geil ist, wenn der mitmachen muss. Das war noch ein zusätzlicher Kick. Ich habe mich nicht mal mehr getraut, am Nachmittag irgendwohin zu gehen, weil ich gefürchtet habe, Kevin und Raphael zu begegnen und dass sie mich wieder zwingen ..."

„Also warst du immer mehr für dich allein zu Hause?"

„Ja. Ich hätte Niko am liebsten angerufen, aber das ging ja nicht."

„Warum nicht?"

„Die haben mir gesagt, sie kontrollieren alles, selbst das Telefon."

„Und das hast du ihnen geglaubt?", schaltet sich der Staatsanwalt ein.

Matthias zuckt hilflos die Schultern.

„Ich frage noch einmal", hakt der Richter nach. „Warum bist du nicht ausgestiegen, sondern hast, ganz im Gegenteil, immer mehr mitgemacht?"

„Ich wusste, die sind zu allem fähig."

„Was habt ihr außer Schlagen noch getan?"

Matthias berichtet stockend, dass Niko ihnen die Füße küssen musste, dass sie ihm einen Eimer über den Kopf gestülpt und ihn getreten haben, überallhin. Dass sie auf den Eimer geschlagen haben, bis Niko nichts mehr hörte.

„Kam es auch zu sexuellen Übergriffen?"

Matthias zuckt zusammen und sieht auf seine Hände, bis der Richter die Frage wiederholt.

„Ja ... ich glaube, man kann es so ... nennen." Er wird rot. „Sie haben ihn am ... am Penis gezogen und gesagt: ‚Du kriegst ja echt keinen hoch.' Sie haben ihn mehrmals da unten hingetreten. Da ist er einmal zusammengebrochen. Das war vor einer Stunde bei Herrn Quante. Sie haben ihm gedroht: ‚Wenn du nicht die Klappe hältst, machen wir dich fertig.'"

Matthias kämpft mit den Tränen.

„Warum bist du nicht zu Frau Timmermann gegangen, als Niko zusammengebrochen ist?", will der Vorsitzende Richter wissen.

„Als Frau Timmermann kam, ging es ihm schon wieder besser", antwortet Matthias leise. „Da konnte er schon wieder auf seinem Stuhl sitzen ..."

„Gibt es sonst noch etwas, das wir wissen sollten?",
fragt der Vorsitzende.

Matthias schüttelt den Kopf.

Kevin Reckschulte bestreitet alles. Obschon alle Zeu-
genaussagen gegen ihn sprechen.

„Wir haben doch auf den aufgepasst", sagt er, „außerdem hing er sowieso immer allein rum. Da muss er sich
nicht wundern, wenn wir mal 'nen kleinen Spaß machen."

„Also gibst du zu, dass ihr es gemacht habt?"

„*Gemacht, gemacht,* das Wort passt mir nicht. Wir haben
unsere Pausen mit dem verbracht."

„Und du hattest dabei das Sagen."

„Klar", erklärt Kevin. „Irgendjemand muss den anderen
ja zeigen, wo's langgeht, oder?"

Arbeitsanregungen

- Was wird den drei Angeklagten Kevin, Raphael und
  Matthias vorgeworfen? Wie haben sie ihren Mitschüler
  Niko gequält?
- Welche Gründe geben die Angeklagten jeweils für ihr
  Verhalten an?
- Welches Motiv benennen die Verteidiger für die Taten?
  Kannst du ihre Argumentation nachvollziehen? Schrei-
  be deine Meinung auf und begründe sie.
- Schreibe einen Brief an Kevin, Raphael oder Matthias
  und nimm darin Stellung zu ihrem Verhalten.
- Welche Parallelen und Unterschiede bestehen zwischen
  der Clique der drei Jungen im Text und der Clique in
  „Die Farbe der Angst"? Mache dir dazu Notizen in einer
  Tabelle.

Mobbing in der Schule

Unter Mobbing in der Schule (auch: *Bullying*) versteht man ein gegen Schüler gerichtetes Gemeinsein, Ärgern, Angreifen und Schikanieren. Mobbing in der Schule kann
5 direkt (körperlich und mit Worten) oder auch indirekt (beispielsweise durch bewusste Nichtbeachtung und Ausgrenzung) erfolgen.

Der schwedische Psychologe Dan Olweus nennt als Kennzeichen für Mobbing, dass „ein oder mehrere Indi-
10 viduen wiederholte Male und über einen Zeitraum negativen Handlungen von einem oder mehreren Individuen ausgesetzt sind". Von negativen Handlungen spricht man dann, wenn ein Individuum einem anderen Schaden bzw. Unannehmlichkeiten zufügt oder zuzufügen versucht. Sol-
15 che Handlungen können verbal (d. h. mit Worten, z. B. drohen, verspotten, beschimpfen, verleumden), physisch (d. h. körperlich, z. B. schlagen, schubsen, treten, kneifen, festhalten) oder nonverbal (d. h. ohne Worte, z. B. Grimassen schneiden, böse Gesten machen, den Rücken zuwenden)
20 vonstattengehen. Auch einzelne schikanöse Vorfälle gelten als Mobbing, wenn sie sehr schwerwiegend sind. Mobbing bzw. Bullying erfordert, dass zwischen dem Opfer und dem Täter (oder der Gruppe von Tätern) ein Ungleichgewicht der Kräfte herrscht, d. h. dass die Täter den Opfern körper-
25 lich und/oder psychisch überlegen sind.

Die Opfer

Dan Olweus unterscheidet zwischen zwei Typen von Mobbingopfern an Schulen: den passiven Opfern und den provozierenden Opfern.

30 Die *passiven Opfer* sind im Allgemeinen ängstlich und unsicher. Sie sind empfindlich, vorsichtig und schweig-

sam, und lehnen sehr oft Gewalttätigkeit ab. Nach Olweus signalisiert das Verhalten der Opfer ihrer Umgebung, dass sie Angst haben und es nicht wagen, sich gegen den Störenfried zu wehren, wenn sie angegriffen werden. Gespräche mit den Eltern von drangsalierten Kindern machen deut- 5 lich, dass diese bereits von klein auf vorsichtig und feinfühlig waren.

Seltener ist das *provozierende Mobbingopfer*, das im Allgemeinen unkonzentriert und nervös ist. Sein Verhalten schafft Ärger und ein gespanntes Verhältnis. Dies kann in 10 seinem Umfeld negative Reaktionen auslösen.

Die Mobbingsituation stellt sich für das Opfer in der Regel folgendermaßen dar:

- Das Ansehen des Opfers wird durch die Angriffe gezielt beschädigt. 15
- Die Kommunikation mit den anderen Kindern/Schülern wird be- und verhindert.
- Die sozialen Beziehungen des Opfers werden zum Ziel des Angriffs.
- Es gibt körperliche Übergriffe auf das Opfer. 20

Gefährdet sind vor allem Kinder,

- die kleiner oder schwächer sind als der Durchschnitt,
- die ängstlich oder schüchtern sind,
- die sozial nicht akzeptierte Merkmale haben (z.B. keine Markenkleidung tragen, ärmlich aussehen usw.), 25
- die selbst gerne „austeilen".

Eine britische Regierungsstudie ergab im Jahr 2008, dass die Möglichkeit, gemobbt zu werden, für Angehörige einer ethnischen Minderheit erhöht ist. Zudem seien Jungen und Mädchen gleich oft Opfer. Außerdem gaben 30 80 Prozent aller behinderten Kinder an, in den letzten drei Jahren schwer unter Gleichaltrigen in ihrer Schule gelitten zu haben.

Die Täter

Mobber in der Schule haben eine positivere Einstellung gegenüber Gewalt als Durchschnittsschüler. Ihr Gewaltpotenzial richtet sich oft nicht nur gegen andere Schüler, sondern auch gegen Lehrer und Eltern. Die Mobber zeichnen sich dadurch aus, dass sie sehr impulsiv sind und ein stark ausgeprägtes Bedürfnis haben, andere zu beherrschen. Sie haben außerdem ein durchschnittlich oder verhältnismäßig stark ausgeprägtes Selbstvertrauen. In mehreren Untersuchungen wurde festgestellt, dass es sich bei den Aggressionen und dem brutalen Verhalten der Mobber nicht um ein Zeichen der eigenen Angst und des mangelnden Vertrauens handelt („harte Schale – weicher Kern"). Unsichere und ängstliche Individuen ergreifen üblicherweise nicht die Initiative. Sie tendieren eher dazu, Mitläufer oder Zuschauer zu sein.

Die Folgen

Die Problematik des Mobbingopfers besteht sehr häufig darin, dass es, um dem Mobbing zu entgehen, die Schule verlässt bzw. wechselt. Damit wird das Opfer zusätzlich „bestraft", während der Mobber indirekt „belohnt" wird, weil sein Mobbing „Erfolg" gehabt hat. Die Solidarität der Lehrer mit den Opfern ist nach bisherigen Erfahrungen noch zu wenig ausgeprägt. Es gibt aber auch Schulen, die Mobbing nicht dulden und Anti-Mobbing-Programme durchführen.

Opfer von Mobbing reagieren manchmal selbst gewalttätig, unter Umständen erst Jahre später. Auch einzelne Amokläufe werden u. a. mit einem jahrelangen Gemobbtwerden des Amokläufers in Zusammenhang gebracht. Weitere Folgen können selbstverletzendes Verhalten (z. B. das sogenannte „Ritzen") oder eine psychische Traumatisierung sein. Es ist außerdem schon vorgekommen, dass sich Mobbingopfer das Leben genommen haben, weil sie keine Hilfen erhalten haben und keinen anderen Ausweg mehr gesehen haben.

ARBEITSANREGUNGEN

– Definiere in eigenen Worten, was Mobbing ist.
– Welche verschiedenen Formen von Mobbing gibt es?
– Beantworte in Stichpunkten die folgenden Fragen:
  Welche Merkmale weisen viele Mobbingopfer auf?
  Wie lässt sich ein typischer Mobbingtäter charakterisieren?
– Welche Informationen des Sachtextes findest du in dem Roman „Die Farbe der Angst" oder in den Texten des Materialanhangs bestätigt? Welche nicht?

Schüler peinigen Mitschüler in Hildesheim

Schulskandal: Grausige Quälerei vor der Kamera

Hildesheim (rpo). Eine komplette Schulklasse hat die niedersächsische Polizei am Montag zum Verhör abgeführt, am Dienstag wurden erste Haftbefehle erlassen. Grund: Vier Schüler sollen über Monate hinweg einen Mitschüler gequält und dabei gefilmt haben. Ein Lehrer soll sie dabei beobachtet haben, ohne einzuschreiten.

Ein Kriminologe sieht die Misshandlung als ein Resultat zunehmender Medienverwahrlosung. Die Staatsanwaltschaft Hildesheim ermittelt nach den beispiellosen Misshandlungen und Quälereien in einer Berufsschule gegen fast alle Klassenkameraden des 17-jährigen Opfers. Der Schüler der Werner-von-Siemens-Schule sei 17 Wochen lang an den Berufsschultagen Mittwoch und Donnerstag mit Tritten, Faustschlägen sowie Schlägen mit Stöcken gequält worden, sagte Oberstaatsanwalt Bernd Seemann am Dienstag in Hildesheim. Die Taten seien auf Video aufgezeichnet worden. Man ermittle gegen neun der elf Klassenkameraden wegen gefährlicher Körperverletzung.

Gegen vier Hauptbeschuldigte hat das Amtsgericht Hildesheim am Dienstag nach Angaben von Seemann Haftbefehl erlassen. Die vier deutschen Jugendlichen, von denen einer aus einer Einwanderer- und zwei aus einer Aussiedlerfamilie stammen, hätten das Opfer und andere Mitschüler durch Einschüchterungen und Drohungen an Aussagen hindern wollen. Damit bestehe Verdunkelungsgefahr. Alle neun Beschuldigten hätten in Aussagen die Beteiligung an den Misshandlungen zugegeben, dabei aber jeweils die anderen als Haupttäter bezeichnet. Zwei der Beschuldigten seien 17 und zwei 16 Jahre alt.

Seemann zufolge konnten bei Durchsuchungen Speicherchips mit Fotos und Videosequenzen der Misshandlungen beschlagnahmt werden, die auch im Internet verbreitet wurden. Das Opfer, das sich mittlerweile in psychologischer Behandlung befindet, sei gegen Ende der wochenlangen Misshandlungen von Blutergüssen übersät gewesen.

Damit die Filme und Fotos gemacht werden konnten, habe sich der 17-Jährige vor seinen Peinigern ausziehen müssen. Bei den Misshandlungen habe er auch eine Zigarette aufessen müssen. Man habe ihm zudem einen Eimer auf den Kopf gesetzt und dann mit Stöcken daraufgeschlagen, sagte Seemann. Alles habe sich meist in einem Materialraum der Schule abgespielt. Die Lehrer hätten nach Aussage der Beschuldigten von den Taten nichts mitbekommen. Ähnliche Misshandlungen durch Jugendliche habe man bislang in Hildesheim noch nicht erlebt.

„Entsetzt und erschüttert"

Der niedersächsische Kultusminister [...] zeigte sich „entsetzt und erschüttert" über die beispiellosen Vorfälle. Man solle dennoch die Werner - von - Siemens - Schule und ihre Lehrer nicht voreilig verdammen, sagte sein Sprecher [...]. Es handele sich nicht um eine Problemschule. Nur 38 der insgesamt 1.700 Schüler der Lehranstalt befänden sich wie das Opfer und seine elf Klassenkameraden in einem Berufsvorbereitungsjahr. Das Jahr müssen Schüler absolvieren, die keinen Ausbildungsplatz bekommen hätten, aber noch der Schulpflicht unterlägen. Sie hätten oft keinen Hauptschulabschluss und wenig Perspektiven.

Die Sozialarbeiterin der Schule habe die Mutter des Opfers ermuntert, Strafanzeige zu stellen, betonte der Ministeriumssprecher. Das Verhalten entspreche einem Erlass des Kultusministeriums, der bei Gewaltdelikten stets die Einschaltung der Polizei verlange. Die Schule habe auch gemeinsam mit der Hildesheimer Staatsanwaltschaft bereits Veranstaltungen zur Gewaltprävention durchgeführt.

ARBEITSANREGUNGEN

- Fertige zu dem Zeitungsartikel Notizen an:
  Wer ist das Opfer (Alter)?
  Wer sind die Täter (Alter)?
  Was haben die Täter gemacht?
  Über welchen Zeitraum wurden die Taten begangen?
  Wodurch wurde die Situation beendet?
  Welche Folgen haben die Taten für das Opfer?
  Welche Maßnahmen wurden gegen die Täter einge-
  leitet?
- „Entsetzlich! Aber an unserer Schule wäre so etwas nicht
  möglich!" Wirklich nicht? Nimm zu der Aussage begrün-
  det Stellung.
- Befragt eure Mitschüler nach ihren Erfahrungen mit
  Gewalt und Mobbing. In einer kleinen Gruppe könnt ihr
  Interviews führen oder einen Fragebogen entwerfen,
  ausfüllen lassen und auswerten.
- Diskutiert in der Klasse über Verhaltensmöglichkeiten,
  wenn man Zeuge von Mobbing wird.
- Sprecht auch darüber, was man tun kann, damit es erst
  gar nicht zu Mobbing und Gewalt kommt bzw. dass
  gefährliche Situationen möglichst früh erkannt werden. Informiert euch auch im Internet (z. B. bei www.
  schueler-gegen-mobbing.de).

DIE ÄRZTE
Nichts in der Welt

Es ist vorbei und der Himmel ist schwarz, weil die Sonne
hier nie wieder scheint.
Es ist vorbei, doch ich hoffe, dass das, was uns trennte, uns
wieder vereint.
Es ist vorbei und nichts in der Welt wird es je wieder gut-
machen können.
Es ist vorbei – wenn ich könnte, dann würde ich vor meinem
Leben wegrennen.
Würd' die Augen verschließen und ich würde probieren,
meine Gefühle einfach zu ignorieren.
Ich will so kalt sein, dass alle erfrieren.
Will mich nie mehr verlieben, um nie mehr zu verlieren.
Es dauert noch, bis ich begreife, was das heißt:
Es ist vorbei, ich weiß nicht, warum – sag mir, was hab ich
falsch gemacht.
Es ist vorbei, du hast mein Herz zerfetzt und dir gar nichts
dabei gedacht.
Du bist so grausam – darum liebe ich dich.
Obwohl ich doch weiß, dass du nicht gut bist für mich.
Meine Gefühle sind an und für sich
lächerlich einfach – und einfach lächerlich.
Weil jeder Gedanke nur um das Eine kreist:
Es ist vorbei, vorbei, vorbei!
Es ist vorbei, vorbei, vorbei!
Es ist vorbei, vorbei, vorbei!
Es ist vorbei, vorbei, vorbei!
Es ist vorbei, doch idiotischerweise will ich immer noch bei
dir sein.
Es ist vorbei – und ich will nicht begreifen: Jeder Mensch
ist für immer allein.

Liebe ist nur ein Traum, eine Idee und nicht mehr.

Tief im Inneren bleibt jeder einsam und leer.

Es heißt, dass jedes Ende auch ein Anfang wär.

Doch warum tut es so weh und warum ist es so schwer?

5 Ich lass dich gehen, auch wenn es mich zerreißt.

Es ist vorbei, vorbei, vorbei!

Es ist vorbei, vorbei, vorbei!

Es ist vorbei, vorbei, vorbei!

Es ist vorbei, vorbei, vorbei!

10 Es ist vorbei und nichts in der Welt wird es je wieder gutmachen können.

ARBEITSANREGUNGEN

- Schreibe einen ausführlichen Kommentar zu dem Song:
  Worum geht es?
  Welche Absicht hat der Songschreiber vermutlich?
  Welche Meinung hast du zum Thema des Songs?
  Führe die im Song enthaltenen Gedanken fort.
- Stell dir vor, Marc würde diesen Song hören. An welchen Stellen des Songtexts könnte er seine Gefühle wiederfinden, an welchen nicht? Begründe.
- Bestimmt kennst du weitere Songtexte, in denen es um das Ende einer Liebe geht. Tragt Beispiele in der Klasse zusammen und tauscht euch darüber aus.

Textquellen

Seite 120–125: Interview mit dem Autor Christoph Wortberg (Originaltext).

Seite 126–128: Christoph Wortberg/Manfred Theisen: Kein Fluchtweg mehr. Aus: Christoph Wortberg/Manfred Theisen: Der König der Welt. München: cbj-Verlag 2006. S. 7–9.

Seite 129–134: Elisabeth Zöller: Das war doch nur Spaß! Aus: Elisabeth Zöller: Ich schieße ... doch! Bindlach: Loewe 2006. S. 16–22.

Seite 135–138: Mobbing in der Schule (Originaltext nach www.wikipedia.de).

Seite 139–140: Schulskandal: Grausige Quälerei vor der Kamera. Aus: www.rp-online.de (5.2.2004).

Seite 142–143: Die Ärzte: Nichts in der Welt. Aus: CD „Geräusch" © Hot Action Records/Universal Records 2003.

Bildquelle

Seite 120: Thienemann Verlag, Stuttgart.